"2+1"人才培养工学一体化系列教材

车站调车工作

主　编　王　蕾　刘志强
副主编　谢东升　陈　捷　杨立峰

西南交通大学出版社
·成都·

图书在版编目（CIP）数据

车站调车工作 / 王蕾，刘志强主编. —成都：西南交通大学出版社，2022.11（2025.7 重印）
ISBN 978-7-5643-8977-2

Ⅰ. ①车… Ⅱ. ①王… ②刘… Ⅲ. ①铁路行车 – 调车作业 Ⅳ. ①U292.2

中国版本图书馆 CIP 数据核字（2022）第 197927 号

"2+1" 人才培养工学一体化系列教材
Chezhan Diaoche Gongzuo
车站调车工作

主　编 / 王　蕾　刘志强	责任编辑 / 宋浩田
	封面设计 / 吴　兵

西南交通大学出版社出版发行
（四川省成都市金牛区二环路北一段 111 号西南交通大学创新大厦 21 楼　610031）
发行部电话：028-87600564　028-87600533
网址：http://www.xnjdcbs.com
印刷：四川森林印务有限责任公司

成品尺寸　185 mm × 260 mm
印张　9.25　字数　220 千
版次　2022 年 11 月第 1 版　印次　2025 年 7 月第 4 次

书号　ISBN 978-7-5643-8977-2
定价　26.00 元

图书如有印装质量问题　本社负责退换
版权所有　盗版必究　举报电话：028-87600562

前言
PREFACE

调车作业是铁路运输生产过程的重要组成部分，调车作业的有序开展是确保车站各项工作顺利进行的基础。调车作业人员是铁路车务部门最辛苦、最危险的工种之一。

本书针对调车作业岗位群的任职要求，以国家铁路局最新发布的《铁路调车作业标准》《铁路技术管理规程（普速铁路部分）》《铁路技术管理规程（高速铁路部分）》中国铁路乌鲁木齐局集团有限公司铁路行车组织规则等规章为依据进行编写，以适应铁路新职员工岗位技能为目标，以提升培训质量为主线，通过调车作业基本知识、准备作业、自动化驼峰作业、半自动化驼峰作业、简易驼峰作业、平面牵出线作业等十一个项目的学习，以任务驱动的形式，在"教学做一体化"教学模式下，使学生在完成具体项目的过程中学会完成相应的工作任务，构建理论知识体系，发展职业能力。

本教材由新疆铁道职业技术学院王蕾、刘志强担任主编，具体编写分工为：新疆铁道职业技术学院王蕾负责编写项目一、项目二、项目六；新疆铁道职业技术学院刘志强负责编写项目七；新疆铁道职业技术学院谢东升负责教材编写相关事宜及统稿；新疆铁道职业技术学院陈捷负责教材审核，新疆铁道职业技术学院王静梅负责编写项目十；新疆铁道职业技术学院任奕臻负责编写项目四、项目五；新疆铁道职业技术学院陈俊臣负责编写项目八、项目九；中国铁路乌鲁木齐局集团有限公司常伟伟和刘卫胜负责编写项目十一，中国铁路乌鲁木齐局集团有限公司陆团辉和孙宏祥负责编写项目三，同时提供教材编写过程中的技术咨询。

本书在编写过程中，得到了中国铁路乌鲁木齐局集团有限公司的大力支持，在此表示由衷的感谢。

由于编者水平有限，书中难免有缺点和疏漏，恳请广大师生和读者批评指正。

编　者

2022 年 5 月

目 录
CONTENT

项目 1　调车作业的基本要求

工作任务 1.1　调车作业的基本要求 002
1.1.1　职业素养 002
1.1.2　调车工作的定义与分类 003
1.1.3　调车工作的相关规定 005

工作任务 1.2　视觉信号、听觉信号 009
1.2.1　调车信号机显示 010
1.2.2　手信号显示 013
1.2.3　调车听觉信号的规定 019

项目 2　准备作业

工作任务 2.1　布置计划 022
2.1.1　下达计划 023
2.1.2　传达计划 025
2.1.3　变更计划 026

工作任务 2.2　排（拉）风摘管 027
2.2.1　联系确认 027
2.2.2　排（拉）风摘管 028
2.2.3　复检处理 030

工作任务 2.3　作业前检查 030
2.3.1　检查确认 031
2.3.2　选闸选鞋 031

项目 3　自动化驼峰作业

工作任务 3.1　连挂车列 ·············· 035
 3.1.1　准备进路 ·············· 035
 3.1.2　单机走行 ·············· 036
 3.1.3　挂车试拉 ·············· 036

工作任务 3.2　推送车辆 ·············· 037
 3.2.1　允许预推 ·············· 037
 3.2.2　监视预推 ·············· 038

工作任务 3.3　解散车列 ·············· 038
 3.3.1　准备进路 ·············· 038
 3.3.2　开放信号 ·············· 039
 3.3.3　分解车列 ·············· 039
 3.3.4　制动作业 ·············· 040
 3.3.5　禁溜线送车 ·············· 041

工作任务 3.4　下峰作业 ·············· 041
 3.4.1　准备进路 ·············· 042
 3.4.2　下峰作业 ·············· 042
 3.4.3　返峰作业 ·············· 042

项目 4　半自动化驼峰作业

工作任务 4.1　连挂车列 ·············· 046
 4.1.1　准备进路 ·············· 046
 4.1.2　单机走行 ·············· 047
 4.1.3　挂车试拉 ·············· 047

工作任务 4.2　推送车列 ·············· 048
 4.2.1　允许预推 ·············· 049
 4.2.2　监视预推 ·············· 049

工作任务 4.3　解散车列 ·············· 050

4.3.1 准备进路	051
4.3.2 开放信号	051
4.3.3 分解车辆	051
4.3.4 制动作业	053
4.3.5 禁溜线送车	054

工作任务 4.4　下峰作业 ……………………………………………… 055

4.4.1 准备进路	055
4.4.2 下峰作业	055
4.4.3 返峰作业	057

项目 5　简易驼峰作业

工作任务 5.1　连挂车列 ……………………………………………… 060

5.1.1 作业联系	061
5.1.2 准备进路	061
5.1.3 连挂车列	062

工作任务 5.2　牵出车列 ……………………………………………… 064

5.2.1 动车联系	065
5.2.2 准备进路	065
5.2.3 起车运行	066

工作任务 5.3　解散车列 ……………………………………………… 067

5.3.1 作业联系	067
5.3.2 确认进路	067
5.3.3 分解车列	068
5.3.4 制动作业	069

工作任务 5.4　下峰作业 ……………………………………………… 070

5.4.1 作业联系	071
5.4.2 准备进路	071
5.4.3 确认动车	071
5.4.4 连挂车辆	072

项目 6　平面牵出线作业

工作任务 6.1　连挂车列 ⋯⋯⋯⋯⋯⋯⋯⋯⋯⋯⋯⋯⋯⋯⋯⋯⋯⋯⋯⋯ 075
 6.1.1　作业联系 ⋯⋯⋯⋯⋯⋯⋯⋯⋯⋯⋯⋯⋯⋯⋯⋯⋯⋯⋯⋯⋯⋯⋯ 076
 6.1.2　准备进路 ⋯⋯⋯⋯⋯⋯⋯⋯⋯⋯⋯⋯⋯⋯⋯⋯⋯⋯⋯⋯⋯⋯⋯ 076
 6.1.3　连挂车列 ⋯⋯⋯⋯⋯⋯⋯⋯⋯⋯⋯⋯⋯⋯⋯⋯⋯⋯⋯⋯⋯⋯⋯ 077

工作任务 6.2　联系牵出 ⋯⋯⋯⋯⋯⋯⋯⋯⋯⋯⋯⋯⋯⋯⋯⋯⋯⋯⋯⋯ 079
 6.2.1　联系牵出 ⋯⋯⋯⋯⋯⋯⋯⋯⋯⋯⋯⋯⋯⋯⋯⋯⋯⋯⋯⋯⋯⋯⋯ 079
 6.2.2　准备进路 ⋯⋯⋯⋯⋯⋯⋯⋯⋯⋯⋯⋯⋯⋯⋯⋯⋯⋯⋯⋯⋯⋯⋯ 080
 6.2.3　起车牵出 ⋯⋯⋯⋯⋯⋯⋯⋯⋯⋯⋯⋯⋯⋯⋯⋯⋯⋯⋯⋯⋯⋯⋯ 080

工作任务 6.3　溜放车辆 ⋯⋯⋯⋯⋯⋯⋯⋯⋯⋯⋯⋯⋯⋯⋯⋯⋯⋯⋯⋯ 081
 6.3.1　作业联系 ⋯⋯⋯⋯⋯⋯⋯⋯⋯⋯⋯⋯⋯⋯⋯⋯⋯⋯⋯⋯⋯⋯⋯ 082
 6.3.2　进路确认 ⋯⋯⋯⋯⋯⋯⋯⋯⋯⋯⋯⋯⋯⋯⋯⋯⋯⋯⋯⋯⋯⋯⋯ 083
 6.3.3　溜放车辆 ⋯⋯⋯⋯⋯⋯⋯⋯⋯⋯⋯⋯⋯⋯⋯⋯⋯⋯⋯⋯⋯⋯⋯ 084
 6.3.4　制动作业 ⋯⋯⋯⋯⋯⋯⋯⋯⋯⋯⋯⋯⋯⋯⋯⋯⋯⋯⋯⋯⋯⋯⋯ 085

工作任务 6.4　摘挂整场 ⋯⋯⋯⋯⋯⋯⋯⋯⋯⋯⋯⋯⋯⋯⋯⋯⋯⋯⋯⋯ 086
 6.4.1　作业联系 ⋯⋯⋯⋯⋯⋯⋯⋯⋯⋯⋯⋯⋯⋯⋯⋯⋯⋯⋯⋯⋯⋯⋯ 086
 6.4.2　准备进路 ⋯⋯⋯⋯⋯⋯⋯⋯⋯⋯⋯⋯⋯⋯⋯⋯⋯⋯⋯⋯⋯⋯⋯ 086
 6.4.3　确认动车 ⋯⋯⋯⋯⋯⋯⋯⋯⋯⋯⋯⋯⋯⋯⋯⋯⋯⋯⋯⋯⋯⋯⋯ 086
 6.4.4　连挂车辆 ⋯⋯⋯⋯⋯⋯⋯⋯⋯⋯⋯⋯⋯⋯⋯⋯⋯⋯⋯⋯⋯⋯⋯ 087

项目 7　编组列车作业

工作任务 7.1　作业准备 ⋯⋯⋯⋯⋯⋯⋯⋯⋯⋯⋯⋯⋯⋯⋯⋯⋯⋯⋯⋯ 089
 7.1.1　作业联系 ⋯⋯⋯⋯⋯⋯⋯⋯⋯⋯⋯⋯⋯⋯⋯⋯⋯⋯⋯⋯⋯⋯⋯ 090
 7.1.2　准备进路 ⋯⋯⋯⋯⋯⋯⋯⋯⋯⋯⋯⋯⋯⋯⋯⋯⋯⋯⋯⋯⋯⋯⋯ 091

工作任务 7.2　连挂车辆 ⋯⋯⋯⋯⋯⋯⋯⋯⋯⋯⋯⋯⋯⋯⋯⋯⋯⋯⋯⋯ 091
 7.2.1　检查动车 ⋯⋯⋯⋯⋯⋯⋯⋯⋯⋯⋯⋯⋯⋯⋯⋯⋯⋯⋯⋯⋯⋯⋯ 091
 7.2.2　连挂车辆 ⋯⋯⋯⋯⋯⋯⋯⋯⋯⋯⋯⋯⋯⋯⋯⋯⋯⋯⋯⋯⋯⋯⋯ 092

工作任务 7.3　编组作业 ⋯⋯⋯⋯⋯⋯⋯⋯⋯⋯⋯⋯⋯⋯⋯⋯⋯⋯⋯⋯ 093

7.3.1 联系牵出	093
7.3.2 牵出车列	093
7.3.3 推进车列	094

项目 8　列车摘挂作业

工作任务 8.1　准备作业 ………………………………………… 096
  8.1.1　作业联系 ……………………………………………………… 096
  8.1.2　作业准备 ……………………………………………………… 097

工作任务 8.2　摘挂作业 ………………………………………… 099
  8.2.1　动车准备 ……………………………………………………… 099
  8.2.2　指挥运行 ……………………………………………………… 101
  8.2.3　作业检查 ……………………………………………………… 102
  8.2.4　摘挂车辆 ……………………………………………………… 103
  8.2.5　作业后处理 …………………………………………………… 103

工作任务 8.3　摘挂报告 ………………………………………… 104

项目 9　取送车辆作业

工作任务 9.1　送车（去程） …………………………………… 110
  9.1.1　挂　车 ………………………………………………………… 110
  9.1.2　运　行 ………………………………………………………… 112
  9.1.3　送　车 ………………………………………………………… 112

工作任务 9.2　取车（回程） …………………………………… 114
  9.2.1　连挂返回 ……………………………………………………… 114
  9.2.2　交接报告 ……………………………………………………… 115

项目 10　停留车作业

工作任务 10.1　防溜作业 ………………………………………… 117
  10.1.1　检查确认 …………………………………………………… 117
  10.1.2　防溜作业 …………………………………………………… 117

10.1.3 报告揭示 ··· 118

工作任务 10.2　手推调车 ···································· 119
　10.2.1 请求批准 ··· 120
　10.2.2 防溜监督 ··· 120
　10.2.3 移动限制 ··· 121
　10.2.4 报告揭示 ··· 122

项目 11　实作技能

工作任务 11.1　观速观距 ···································· 124
　11.1.1 观速观距的重要意义 ································· 125
　11.1.2 常用观速的方法 ···································· 125
　11.1.3 常用观距的方法 ···································· 127

工作任务 11.2　平面牵出线作业流程 ···························· 128

项目 1　调车作业的基本要求

【项目导学】

调车工作是铁路运输生产的重要组成部分，安全、高效的调车工作是实现列车编组计划、加速车辆周转的重要保障。通过本项目的学习，掌握调车工作的定义、分类、信号显示及意义等基本知识，为后续项目的学习及实践打下理论知识基础，同时，培养学生的综合职业素养，为未来从事调车工作打下坚实基础。

铁路调车作业标准体系如图1-1所示。

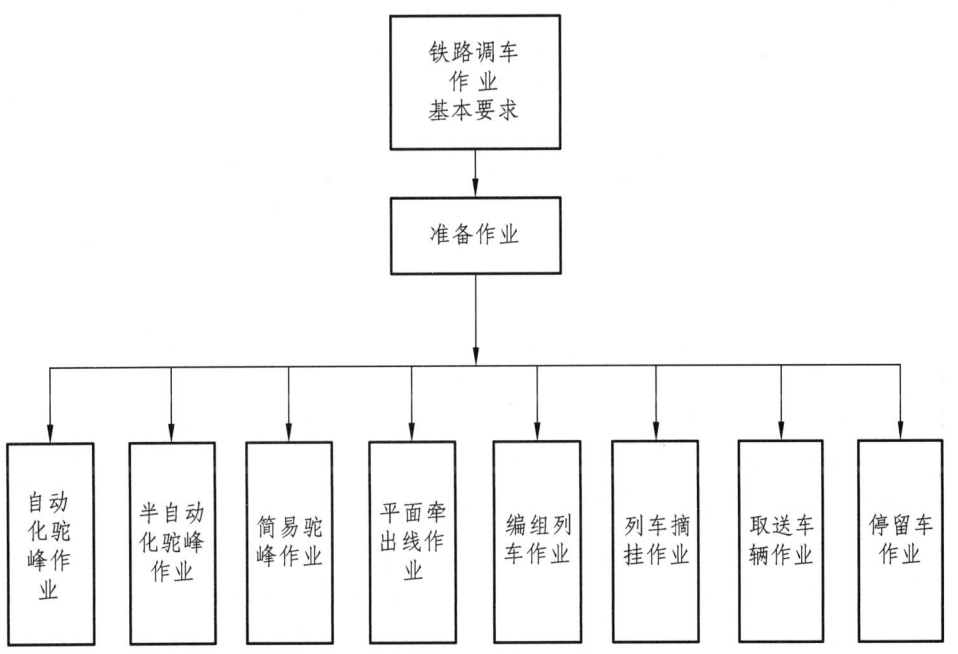

图1-1　铁路调车作业标准体系

【任务引入】

请思考：从事调车作业时，应具备哪些职业素养和专业知识？

【任务实施】

工作任务 1.1　调车作业的基本要求

任务描述

调车工作是铁路运输生产的重要组成部分，通过本任务的学习了解调车作业人员应具备的职业素养，掌握调车工作的基础知识及相关规定，为高质量完成调车工作打下坚实基础。

教学目标

1. 知识目标

掌握调车作业人员应具备的职业道德、职业素养，掌握调车作业的定义、分类以及调车作业的相关规定。

2. 技能目标

能够正确操作调车灯显设备。

3. 素质目标

认识到调车工作对铁路运输生产组织的重大意义，树立爱岗敬业、遵章守纪的思想，培养安全第一、认真严肃的工作作风。

1.1.1　职业素养

1. 职业道德的定义

职业道德同人们的职业活动紧密联系，是具有自身职业特点的道德原则和行为规范的总和。职业道德萌芽于原始社会末期。生产力的发展产生了社会分工，出现了各行各业的职业活动，而每一种职业都分别承担着一定的社会职能，人们在从事各种职业活动的过程中，为了保证各种职业活动的正常进行，制定了各种规章制度、道德规范和行为准则。以此形成了职业道德的基本概念，其含义包括以下两个方面的内容：

（1）每个行业都有各自的道德准则，即职业道德，如从商者应守"商德"，从医者应守"医德"，从师者应守"师德"等。所谓职业道德，就是指从事一定职业的人在其特定的职业活动过程中应遵循的处理人和人、人和社会之间利益关系的特殊行为规范，以及与之相适应的观念、情操和品质。它既是对本职业人员在职业活动中行为的要求，同时又是职业对社会所承担的道德责任与义务。

（2）职业道德的特定内涵是在和各种专业工作紧密联系并通过专业领域表现出来的，是在专业范围内的特殊道德要求，一方面它体现了一般社会道德对于职业活动的基本要求，另一方面，又带有鲜明的行业特色。例如：热爱本职、忠于职守、为人民服务等是各行各业道德的基本规范。但每一种具体职业，又都有它独特的不同于其他职业道德的内涵。

2. 铁路职业道德与铁路职工行业规范

铁路职业道德是通过一系列职业道德基本规范来制约每个铁路从业人员的职业行为，调节铁路与社会之间、铁路内部集体与个人之间、个人与个人之间的道德关系。

铁路职业道德规范，就是明文规定的铁路各职业的道德准绳或道德要求，也可以说铁路职业道德就是铁路部门一系列道德规范的体系。

铁路职业道德体系是多层次的，但"人民铁路为人民"既是铁路职业道德的基本原则或总的道德要求，也是规范体系中根本性的最高行为规范。铁路内部各部门之间必须遵循这一原则，制定出适应各工种岗位的职业道德规范，从"人民铁路"这个整体概念出发，更好地为人民服务。

铁路职工行业规范是铁路员工在职业活动中应该共同遵循的最基本的职业行为准则，是铁路行业鲜明特色的充分体现。行业规范在实际工作中约束每一名员工，提高每一名员工的道德素质，推动铁路事业的发展。

铁路职工道德与行业规范的主要要求是遵章守纪、保证安全，这是铁路职工必须首先遵守的道德规范，它要求全体职工严守规程、纪律，确保铁路运输安全生产，具体要求：一是遵章，即自觉遵守铁路的各项规章制度；二是守纪，即要求职工严格自律，不许有违反各部门、各工种、各岗位的职业纪律的行为发生。

3. 职业道德守则

（1）遵守法律、法规和有关规定。

（2）爱岗敬业，具有高度的责任心。

（3）严格执行工作程序、工作规范、工作标准和安全操作规程。

（4）工作认真负责，具有高度责任感和良好的团队合作精神。

（5）爱护设备、工具及备品。

（6）着装整洁，符合规定，文明生产。

（7）刻苦学习，钻研业务，努力提高技术文化素质。

4. 加强铁路职业道德教育的意义

（1）有利于完善职工的道德人格。

（2）有利于提高铁路职工的综合素质。

（3）有利于促进铁路职工的事业发展。

（4）有利于提升铁路行业的总体服务水平。

1.1.2 调车工作的定义与分类

1. 调车工作的定义

在铁路生产过程中，除列车的到达、出发、通过及在区间运行外，凡机车车辆进行的一切有目的的移动，统称为调车。

2. 调车工作的分类

调车作业可以按照调车目的、调车范围或调车设备分类。

（1）调车作业按照调车目的可分为：

① 解体调车。

将到达或从作业地点取回调车场的车列按车辆的去向、车种或所装货物的性质（有调中转车按列车编组计划组号、到卸重车按货物作业地点、不良车按检修地点，空车按车种，装有爆炸、气体类危险货物的车辆以及超限货物车停放于固定线路）分解到各指定线路内的调车作业。

② 编组调车。

根据列车编组计划、运行图和有关规章制度的要求，将车辆选编成出发列车或车组的调车作业。

③ 摘挂调车。

列车在运行的途中站摘解或加挂车辆的调车作业：在没有划一列车重量标准的方向上，在变重站为列车补轴或减轴；分组列车在沿途技术站换挂车组；摘挂列车、小运转列车在中间站摘下本站作业车并将该站已装卸完毕的车辆挂入列车；为保证行车安全，将列车中发现的技术状态或装载状态不良的车辆在途中站甩下等。

④ 取送调车。

为实现货物装卸，车辆检修、洗刷消毒，罐车清洗，牲畜车上水上料、车辆检斤等目的向作业地点送车和从作业地点取回车辆，包括为此目的在调车场和货物作业地点挑选和连挂车辆的调车作业。

⑤ 其他调车，以上四项作业以外的调车，如机车出、入段，挂头，摘头，在站线上整备的走行，车列转场、转线，货车检斤，整理车场等。

（2）按调车作业范围可分为：

① 站内调车。

在车站范围内进行的调车作业。

② 越出站界调车。

需要进入区间进行的调车作业。

调车作业一般是在站内（包括车站所衔接的专用线）进行的。在未设牵出线的中间站，只能利用正线调车，当必须调动较多的车辆时，可能需要越过进站信号机或站界标进入区间。此外，在区间进行装卸作业的车辆，除了以列车车次进入区间外，还可以根据调度命令以调车方式进入区间。为了保证列车运行和调车作业安全，越出站界调车必须按《铁路技术管理规程》（以下简称《技规》）的有关规定办理。

（3）按调车所用设备分为：

① 牵出线调车。

牵出线调车是利用牵出线进行的调车作业，由于牵出线多为无坡度，又称为平面调车。牵出线调车比较灵活，主要用来进行车列的编组作业，也可进行解体、挑选车组。在站线上摘挂车辆和在货物装卸地点配对货位等作业也属于牵出线调车。

② 驼峰调车。

机车将车列推上驼峰，在峰顶的适当地点摘钩，使车辆利用自身获得的势能溜入峰下线路的调车作业。驼峰调车分解车列速度快、效率高，因而主要用于解体车列。

1.1.3 调车工作的相关规定

1. 调车作业人员一班工作制度的基本规定

（1）休息、着装制。

应保证班前充分休息，班中按规定着装。

（2）点名预想制。

按时参加班前点名，开展安全预想。

（3）对号交接制。

按作业分工实行对号交接。

（4）交班总结制。

实现规定的交班条件，做好班后工作总结。

2. 调车作业的基本规定

（1）调车工作应按本标准和车站的技术作业过程及调车作业计划进行。参加调车作业的人员应做到：

① 及时编组、解体列车、取送客货作业或检修的车辆等。

② 充分运用调车机车及一切技术设备，采用先进工作方法，用最少的时间完成调车任务。

③ 认真执行作业标准，保证调车有关人员的人身安全及行车安全。

（2）调车工作应固定作业区域、线路使用、调车机车、人员、班次、交接班时间、交接班地点、工具数量及其存放地点。

作固定替换用的调车机车及小运转机车，应符合调车机车的条件（有前后头灯、扶手把、防滑脚踏板、无线调车灯显设备接口等）。

应使用符合标准的制动铁鞋及防溜器具，制动铁鞋及防溜器具应在规定的地点放置，用后归位。制动铁鞋应成组放置在鞋台上（在雪少地区可放在涂有特殊标记的钢轨外侧），每组铁鞋数量及组距由车站规定。

采取、撤除防溜措施时，摘车前无法采取防溜措施或挂妥后无法撤除防溜措施的线路，具体作业办法由企业（铁路局集团公司）规定。

（3）使用本务机车进行调车作业时，可由车站值班员或助理值班员担任指挥工作。遇有特殊情况，可由胜任人员代替。

（4）调车作业连结制动软管后应确认通风良好，具体确认方法由企业规定。

（5）机车限鸣区段，机车鸣笛信号按有关规定执行。

3. 准备调车进路的规定

准备调车进路时，按下列规定执行：

（1）在扳动道岔、操纵信号时，应执行"一看、二扳（按、点击）、三确认、四显示（呼唤）"制度。

（2）扳道人员扳动道岔准备调车进路时，先确认道岔开通位置，再扳向所需位置。

（3）确认分管区域内调车进路上的道岔开通位置正确后还道。

（4）扳道人员在显示道岔开通信号时，应先显示股道号码信号（有股道号码表示器装置的除外）。

（5）使用无线调车灯显设备时，准许以语音通话方式办理要还道。

（6）作业中，扳道人员应按调车作业计划的作业钩序进行扳道；扳道员、信号员、驼峰值班员（作业员）在每钩调车作业计划完成后，应立即抹销。

4. 调车作业速度及安全距离的规定

调车作业应准确掌握速度及安全距离，并按下列规定执行：

（1）在空线上牵引运行时，速度不应超过 40 km/h，推进运行时，不应超过 30 km/h；动车组后端操作时，速度不应超过 15 km/h。

（2）调动乘坐旅客或装载爆炸品、气体类危险货物、超限货物的车辆时，不应超过 15 km/h。

（3）距停留车位置十、五、三车时，速度分别不应超过 17 km/h、12 km/h、7 km/h，接近被连挂的车辆时，不应超过 5 km/h。

（4）推上驼峰解散车辆时的速度和装有加、减速顶的线路上的调车速度，由企业规定。经过道岔侧向运行的速度由企业规定。

（5）在尽头线上调车时，距线路终端应有 10 m 的安全距离；遇特殊情况近于 10 m 时，应严格控制速度。

（6）电力机车、动车组在有接触网终点的线路上调车时，应控制速度，距接触网终点标应有 10 m 的安全距离；遇特殊情况距离接近于 10 m 时，应严格控制速度。

（7）遇天气不良等非正常情况，应适当降低速度。

5. 使用无线调车灯显设备的规定

（1）无线调车灯显设备正常使用时停用手信号，对灯显以外的作业指令采用通话方式。调车人员应正确及时发出信号指令和用语，做到用语标准、吐字清晰[作业用语由企业规定（铁路局集团公司规定）]。无线调车灯显设备发生故障时，改用手信号指挥作业。调车组人员间电台通话功能良好时，作业中仍可使用电台相互联系，但调车长应改用手信号方式指挥司机。

（2）使用无线调车灯显设备指挥调车作业时，应执行单一指挥的原则，指挥机车的调车指令和用语，只能由调车长发出。

（3）使用无线调车灯显设备调车作业时，不准许发出与调车作业无关的用语；其他无关人员不准许使用；不准许私自变更频率；调车长不准许向连结员（制动员）放权使用；调车作业人员不到位，不准许指挥动车或作业；不准许简化调车作业程序。

（4）调车长于接班后（作业前）应认真组织调车组、司机等有关人员对无线调车灯显设备信令、通话等功能进行试验，具体试验方法、试机通话用语及要求等由企业规定（铁路局集团公司规定）。

（5）调车作业中，需进入车档或车下进行摘结软管、调整钩位等作业时，连结员（制动员）应使用无线调车灯显设备及时向调车长汇报，得到同意后按下紧急停车按钮，方可进行作业。当发现危及人身和行车安全时，调车人员应及时发出停车信号（紧急停车指令）或用语，司机接收到停车信号（紧急停车指令）或用语后，应立即停车。

作业完毕或于紧急停车原因消除后，发出紧急停车指令的人员应及时向调车长汇报并"解锁"。

（6）未安装固定式机车控制器的机车，担当调车作业时可使用便携机车控制器。作业开始前由调车人员将便携机车控制器送上机车，安置在适当位置，作业完了由调车人员取回。在作业中需要变更司机室操纵时，由司机将便携机车控制器移至需要位置，并负责连接。

（7）无固定调车机的车站，可根据需要配备便携机车控制器，一台使用，一台备用。

（8）无线调车灯显信号的显示方式如下：

① 一个红灯——停车信号。
② 两个红灯——紧急停车信号。
③ 先两个红灯后熄灭一个红灯——解锁信号。
④ 一个绿灯——推进信号。
⑤ 绿闪数次后熄灭——起动信号。
⑥ 绿、红交替后绿灯长亮——连接信号。
⑦ 绿、黄交替后绿灯长亮——溜放信号。
⑧ 黄灯闪后绿灯长亮——减速信号。
⑨ 黄灯长亮——十、五、三车信号。
　a. 十车距离信号（辅加语音提示）。
　b. 五车距离信号（辅加语音提示）。
　c. 三车距离信号（辅加语音提示）。

（9）实验无线调车灯显设备基本规定。

调车长于交接班或作业前要认真组织调车人员、司机对无线调车灯显设备检查试机。试机通话用语及要求：

调车长呼叫司机："（×调）司机试机"。

司机应答："（×调）司机明白"。

调车长呼叫调车组："调车组试机"，并依次呼叫1号、2号等。

调车长、连结员操纵灯显按键，依次试验按钮指令信号。

连结员接到调车长的指令后，应答"1号好、2号好"。

每次收到信（号）（指）令正确后，司机应答"信号显示良好"。

调车长：全部试验完了，呼叫"试机完毕"。

注意事项：实验无线调车灯显设备时，司机必须确认"信号显示良好"并通过灯显设备告知调车指挥人；调车长确认全部信令试验完毕，要与车站值班员（信号员）、车站调度员（调车区长）进行试通话后，方可呼叫"试机完毕"。

（10）调车作业防护及紧急停车按钮的使用。

调车作业中，需进入车挡或车下进行摘接制动软管、调整钩位等作业，连接（制动）员应使用无线灯显及时向调车长汇报，得到同意后按下紧急停车按钮，方可进行作业。

作业人员发现危及行车和人身安全的情况时，应使用紧急停车按钮，及时向司机发出停车指令。

作业完毕或於紧急停车原因消除后，发出停车指令的人员应及时"解锁"。

（11）无线调车灯显设备作业指令。

调车长：

内容操作员	按钮指令	辅助语音	信令显示	注释
调车长	红	停车	一个红灯	操作过程中，任何时候按下红键 1.5 s 或听到提示音后马上松开按键都能发停车信号
	绿（2 s）	起动	绿灯闪数次后熄灭	牵出，单机起动信号
	绿绿	推进	一个绿灯	行进信号
	黄	减速	黄灯闪后绿灯长亮	减速信号
	黄（1.5 s）	十车	黄灯长亮	十、五、三车可以在任何时候发出
	黄（0.5 s）	五车	黄灯长亮	直接发五车时用"黄绿"
	黄（0.5 s）	三车	黄灯长亮	直接发三车时用"黄红"
	绿红	连结	绿、红灯交替后绿灯长亮	
	绿黄	溜放	绿、黄灯交替后绿灯长亮	
	黄（1.5 s）	546 Hz 音频呼叫区长		只能在无测机信号时发送
注：其他调车信号及联系均通过通话对讲联系，通话标准由各使用单位制定					

连结员（制动员）：

内容操作员	按钮指令	辅助语音	信令显示	注释
连结员	红键	紧急停车×号×号	两个红灯	二个红灯亮后封锁调车长的一切指令
	黄键	×号解锁	先两个红灯后熄灭一个红灯	谁发的紧急停车，只能由同一个人解锁，其他人不能解锁
	黄黄	×号领车	绿灯亮	调车长发出推进、连结指令后，最前方领车人员连续按压两次黄键，发出申请领车信号，机控器收到后，回示"×号领车"，同时自动关闭调车长的测机信号，改为最前方领车人员发测机信号。推进作业完成后，调车长发出停车"指令，机控器收到后，提示"停车"，自动取消最前方领车人员测机信号。在推进过程中，遇最前方领车人员电台出现故障或电池无电（电量不足），机控器自动提示"故障停车×号"，以保证推进作业安全
注：其他调车信号及联系均通过通话对讲联系，通话标准由各使用单位制定				

（12）使用无线调车灯显制式（如下图所示）的信号显示方式如下：

① 一个红灯——停车信号。

② 一个绿灯——推进信号。

③ 绿灯闪数次后熄灭——起动信号。

④ 绿、红灯交替后绿灯长亮——连结信号。

⑤ 绿、黄灯交替后绿灯长亮——溜放信号。

⑥ 黄灯闪后绿灯长亮——减速信号。

⑦ 黄灯长亮——十、五、三车距离信号。

a. 十车距离信号（加辅助语音提示）。

b. 五车距离信号（加辅助语音提示）。

c. 三车距离信号（加辅助语音提示）。

⑧ 两个红灯——紧急停车信号。

⑨ 先两个红灯后熄灭一个红灯——解锁信号。

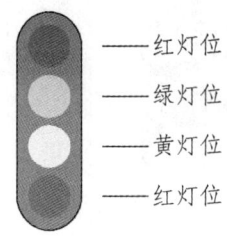

工作任务 1.2 视觉信号、听觉信号

任务描述

铁路调车工作的顺利开展及安全运行离不开信号的指示与引导，本任务主要学习调车信号机的显示及意义，同时掌握手信号及听觉信号，并能够将其运用到后续的工作当中，保证调车工作的安全高效。

教学目标

1. 知识目标

掌握调车色灯信号机、驼峰色灯信号机等的显示及其意义，掌握手信号、听觉信号的相关内容。

2. 技能目标

能够识别手信号、听觉信号，并根据具体工作要求，做出规范的手信号以及正确鸣示听觉信号。

3. 素质目标

认识调车工作对铁路运输生产组织的重大意义，树立爱岗敬业、遵章守纪的思想，培养安全第一，严格执行工作程序、工作规范、工作标准和安全操作规程的工作作风。

1.2.1 调车信号机显示

1. 调车色灯信号机

（1）一个月白色灯光——准许越过该信号机调车（如图1-2所示）。

（2）一个月白色闪光灯光——装有平面溜放调车区集中联锁设备时，准许溜放调车。

（3）一个蓝色灯光——不准越过该信号机调车（如图1-3所示）。

不办理闭塞的站内岔线，在岔线入口处设置的调车信号机，可用红色灯光代替蓝色灯光（如图1-4所示）。

起阻挡列车运行作用的调车信号机，应采用矮型三显示机构，增加红色灯光或用红色灯光代替蓝色灯光。当该信号机的红色灯光熄灭、显示不明或显示不正确时，应视为列车的停车信号。

图1-2　一个月白色灯光

图1-3　一个蓝色灯光

图1-4　一个红色灯光

2. 驼峰色灯信号机及其复示信号机

（1）一个绿色灯光——准许机车车辆按规定速度向驼峰推进（如图1-5所示）。

（2）一个绿色闪光灯光——指示机车车辆加速向驼峰推进（如图1-6所示）。

（3）一个黄色闪光灯光——指示机车车辆减速向驼峰推进（如图1-7所示）。

（4）一个红色灯光——不准机车车辆越过该信号机或指示机车车辆停止作业（如图1-8所示）。

（5）一个红色闪光灯光——指示机车车辆自驼峰退回（如图1-9所示）。

（6）一个月白色灯光——指示机车到峰下（如图1-10所示）。

（7）一个月白色闪光灯光——指示机车车辆去禁溜线或迂回线（如图1-11所示）。

驼峰色灯信号机的复示信号机平时无显示（如图1-12所示）；当办理驼峰推送进路后，其显示方式与驼峰色灯信号机相同。

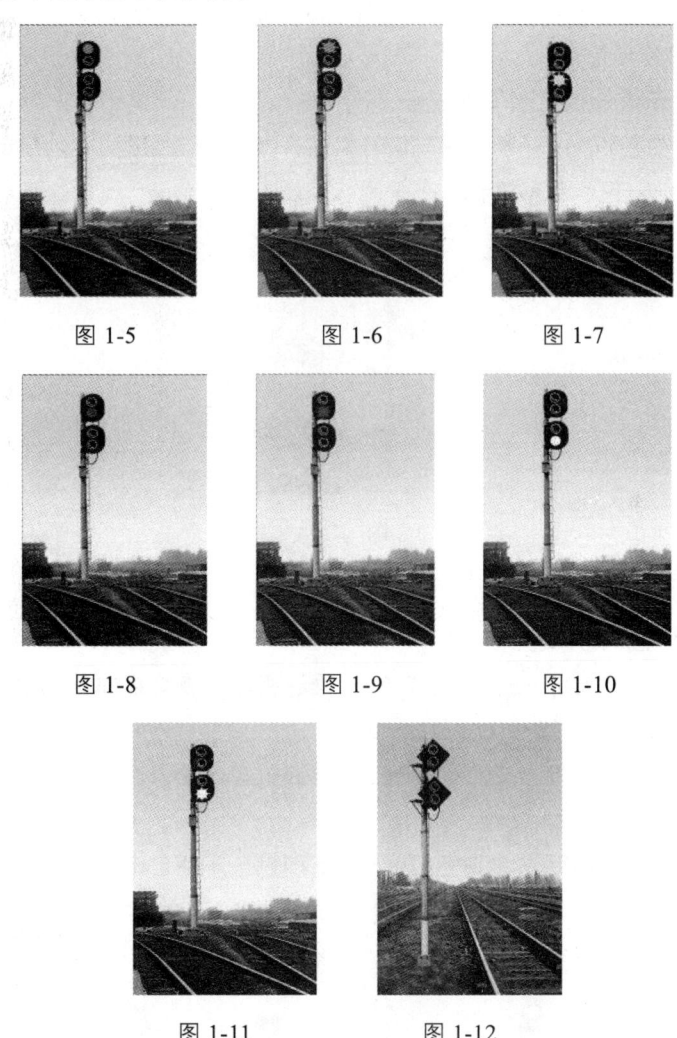

图1-5　　　　　图1-6　　　　　图1-7

图1-8　　　　　图1-9　　　　　图1-10

图1-11　　　　　图1-12

3. 驼峰色灯辅助信号机及其复示信号机

（1）显示一个黄色灯光——指示机车车辆向驼峰预先推送（驼峰色灯辅助信号机如图1-13所示）。当办理驼峰推送进路后，其灯光显示均与驼峰色灯信号机显示相同。

（2）驼峰色灯辅助信号机平时显示红色灯光，对列车起停车信号作用。

（3）驼峰色灯辅助信号机的复示信号机平时无显示（如图 1-13 所示）；当办理驼峰推送进路或驼峰预先推送进路后，其显示方式与驼峰色灯辅助信号机相同。

图 1-13

4. 调车色灯复示信号机

调车色灯复示信号机显示下列信号：

（1）一个月白色灯光——表示调车信号机在开放状态（如图 1-14 所示）。

（2）无显示——表示调车信号机在关闭状态。

图 1-14

5. 调车表示器

调车表示器的显示方式如下：

（1）向调车区方向显示一个白色灯光——准许机车车辆自调车区向牵出线运行（如图 1-15 所示）。

（2）向牵出线方向显示一个白色灯光——准许机车车辆自牵出线向调车区运行（如图 1-16 所示）。

（3）向牵出线方向显示两个白色灯光——准许机车车辆自牵出线向调车区溜放（如图 1-17 所示）。

图 1-15　　　　图 1-16　　　　图 1-17

1.2.2 手信号显示

手信号是铁路行车有关人员在作业中，进行指挥、联系等工作广泛采用的视觉信号。根据行车工作的需要，既可以机动地指挥列车运行和调车作业，也可联系和传达有关行车事项。

1. 显示手信号的要求

（1）显示要求。

为确保手信号的显示正确和防止误认，行车有关人员显示手信号时，必须严肃认真，要位置适当、正确及时、横平竖直、灯正圈圆、角度准确、段落清晰。

（2）持旗要求。

① 在显示手信号时，凡昼间持有手信号旗的人员，应将信号旗拢起，左手持红旗，右手持绿旗（扳道员右手持黄旗）。不持信号旗的行车有关人员需要显示手信号时，应徒手按规定方式显示信号。

② 调车指挥人登乘机车车辆，一手攀扶把手，一手显示展开的绿色信号旗时，手持的信号旗左、右可灵活掌握，但必须将拢起的红色信号旗置于绿色信号旗对向司机方向的前面，以便能随时展开红色信号旗。

2. 调车手信号的显示

（1）停车信号。

① 昼间——展开的红色信号旗（无红色信号旗时，两臂高举头上向两侧急剧摇动）。

② 夜间——红色灯光（无红色灯光时，用白色灯光上下急剧摇动）。

（2）减速信号。

① 昼间——展开的绿色信号旗下压数次。

② 夜间——绿色灯光下压数次（显示方式如图1-18所示）。

（3）指挥机车向显示人方向来的信号。

① 昼间——展开的绿色信号旗在下部左右摇动。

② 夜间——绿色灯光在下部左右摇动（如图1-19所示）。

图1-18　　　　　　　　　　　　　　图1-19

（4）指挥机车向显示人方向稍行移动的信号。

① 昼间——拢起的红色信号旗直立平举，再用展开的绿色信号旗左右小动。

② 夜间——绿色灯光下压数次后,再左右小动(如图 1-20 所示)。

图 1-20

(5)指挥机车向显示人反方向去的信号。
① 昼间——展开的绿色信号旗上下摇动。
② 夜间——绿色灯光上下摇动(如图 1-21 所示)。

图 1-21

(6)指挥机车向显示人反方向稍行移动的信号。
① 昼间——拢起的红色信号旗直立平举,再用展开的绿色信号旗上下小动。
② 夜间——绿色灯光上下小动(如图 1-22 所示)。

图 1-22

3. 联系用的手信号的显示

(1)道岔开通信号:表示进路道岔准备妥当。
① 昼间——拢起的黄色信号旗高举头上左右摇动。
② 夜间——白色灯光高举头上(如图 1-23 所示)。

机车出入段进路道岔准备妥当后,显示如下道岔开通信号。

① 昼间——展开的黄色信号旗高举头上左右摇动。
② 夜间——黄色灯光高举头上左右摇动（如图 1-24 所示）。

图 1-23

图 1-24

（2）股道号码信号：要道或回示股道开通号码。
① 一道：昼间——两臂左右平伸；夜间——白色灯光左右摇动，如图 1-25 所示。
② 二道：昼间——右臂向上直伸，左臂下垂；夜间——白色灯光左右摇动后，从左下方向右上方高举，如图 1-26 所示。
③ 三道：昼间——两臂向上直伸；夜间——白色灯光上下摇动，如图 1-27 所示。
④ 四道：昼间——右臂向右上方，左臂向左下方各斜伸 45°角；夜间——白色灯光高举头上左右小动，如图 1-28 所示。
⑤ 五道：昼间——两臂交叉于头上；夜间——白色灯光作圆形转动，如图 1-29 所示。
⑥ 六道：昼间——左臂向左下方，右臂向右下方各斜伸 45°角；夜间——白色灯光作圆形转动后，再左右摇动，如图 1-30 所示。
⑦ 七道：昼间——右臂向上直伸，左臂向左平伸；夜间——白色灯光作圆形转动后，左右摇动，然后再从左下方向右上方高举，如图 1-31 所示。
⑧ 八道：昼间——右臂向右平伸，左臂下垂；夜间——白色灯光作圆形转动后，再上下摇动，如图 1-32 所示。
⑨ 九道：昼间——右臂向右平伸，左臂向右下斜 45°；夜间——白色灯光作圆形转动后，再高举头上左右小动，如图 1-33 所示。
⑩ 十道：昼间——左臂向左上方，右臂向右上方各斜伸 45°；夜间——白色灯光左右摇动后，再上下摇动作成十字形，如图 1-34 所示。

十一至十九道，须先显示十道股道号码，再显示所要股道号码的个位数信号。

二十道及以上的股道号码，各站根据需要自行规定，并纳入《车站行车工作细则》（简称《站细》）。

图 1-25　　　　　　　图 1-26

图 1-27　　　　　　　图 1-28

图 1-29　　　　　　　图 1-30

图 1-31　　　　　　　图 1-32

图 1-33　　　　　　　图 1-34

（3）连结信号：表示连挂作业。

① 昼间——两臂高举头上，使拢起的手信号旗杆成水平末端相接。

② 夜间——红、绿色灯光（无绿色灯光的人员，用白色灯光）交互显示数次，如图 1-35 所示。

图 1-35

（4）溜放信号：表示溜放作业。

① 昼间——拢起的手信号旗两臂高举头上交叉后，急向左右摇动数次。

② 夜间——红色灯光作圆形转动，如图 1-36 所示。

图 1-36

（5）停留车位置信号：表示车辆停留地点。

夜间——白色灯光左右小摇动，如图 1-37 所示。

图 1-37

（6）十、五、三车距离信号：表示推进车辆的前端和被连挂车辆的距离。

① 昼间——展开的绿色信号旗单臂平伸。

② 夜间——绿色灯光，在距离停留车十车（约 110 m）时连续下压三次，五车（约 55 m）时连续下压两次，三车（约 33 m）时下压一次，如图 1-38 所示。

图 1-38

（7）取消信号：通知将前发信号取消。

① 昼间——拢起的手信号旗，两臂于前下方交叉后，急向左右摇动数次。

② 夜间——红色灯光作圆形转动后，上下摇动，如图 1-39 所示。

图 1-39

（8）要求再度显示信号：前发信号不明，要求重新显示。

① 昼间——拢起的手信号旗右臂向右方上下摇动。

② 夜间——红色灯光上下摇动，如图 1-40 所示。

图 1-40

（9）告知显示错误的信号：告知对方信号显示错误。

① 昼间——拢起的手信号旗两臂左右平伸同时上下摇动数次。

② 夜间——红色灯光左右摇动，如图 1-41 所示。

图 1-41

（10）联络信号：要求显示信号。
① 昼间——拢起的手信号旗或徒手单臂向上高举。
② 夜间——白色灯光向上高举。
（11）试闸良好（钩已提开）信号：表示人力制动机已经试验良好或车钩已经提开。昼间及夜间显示方式均同联络信号。
（12）指示司机鸣笛信号：指示司机按规定鸣笛。
① 昼间——拢起的手信号旗或徒手小臂向上直立上下小动。
② 夜间——绿色或白色灯光上下小动。
（13）好了信号：通知此项作业已按规定正确完成。
① 昼间——拢起手信号旗或徒手上弧线向车辆方面作圆形转动。
② 夜间——白色灯光上弧线向车辆方面作圆形转动。
（14）试拉信号：要求对车组（列）进行全部拉动试验。
① 昼间——拢起的红色信号旗直立平举，再用展开的绿色信号旗上下小动（徒手时，左小臂直立高举，右臂上下小动）。
② 夜间——绿色或白色灯光上下小动。
（15）推进信号：表示前方进路可以运行。
① 昼间——展开的绿色信号旗平伸。前部的调车人员负责瞭望，正常情况下可不显示信号；
② 夜间——绿色或白色灯光。
（16）指示司机加速信号：指示司机加速运行。
① 昼间——展开的绿色信号旗或单臂平伸左右迅速摇动。
② 夜间——绿色或白色灯光左右迅速摇动。

1.2.3　调车听觉信号的规定

调车作业中使用听觉信号时，鸣示音响长声为 3 s、短声为 1 s，音响间隔为 1 s；重复鸣示时，应间隔 5 s 以上。在天气不良的情况下，无线调车灯显设备发生故障且又无法确认手信号联系作业时，调车作业人员方能使用听觉信号作业。

1. 机车、自轮运转特种设备鸣笛鸣示方式

机车、自轮运转特种设备鸣笛鸣示方式应符合表 1-1 的规定。

表 1-1　机车、自轮运转特种设备鸣笛鸣示方式

名称	鸣示方式	用途及时机
起动注意信号	一长声　—	机车车辆开始前进时
呼唤信号	二短一长声　‥—	a）机车要求出入段时 b）在车站要求显示信号时
警报信号	一长三短声　—‥‥	a）发现线路有危及行车安全的不良处所时 b）发生重大、大事故及其他需要救援情况时

续表

信号名称	鸣示方式	用途及时机
试验自动制动机及复示信号	一短声 ·	a）试验制动机开始减压时 b）接到试验制动结束的手信号，回答试风人员时 c）调车作业中，表示已接受调车长所发出的手信号时
缓解及溜放信号	二短声 ··	a）试验制动机缓解时 b）要求缓解人力制动机时 c）复示溜放调车信号时
拧紧人力制动机信号	三短声 ···	要求就地制动时
紧急停车信号	连续短声 ······	司机发现（或接到通知）邻线发生障碍，向邻线司机发出紧急停车信号时。邻线司机听到此种信号后，应紧急停车

2. 调车扳道人员使用口笛、号角的鸣示方式

调车扳道人员使用口笛、号角的鸣示方式应符合表 1-2 的规定。

表 1-2 调车扳道人员使用口笛、号角的鸣示方式表

鸣示方式	用途及时机
一长声 —	指示机车向显示人反方向移动
一短一长声 ·—	指示机车向显示人方向移动
一短声 ·	试验制动机减压
二短声 ··	试验制动机缓解
一短一长二短声 ·—··	试验制动机完了及安全信号
一短声 ·	一道
二短声 ··	二道
三短声 ···	三道
四短声 ····	四道
五短声 ·····	五道
一长一短声 —·	六道
一长二短声 —··	七道
一长三短声 —···	八道
一长四短声 —····	九道
二长声 ——	十道
二短二长声 ··——	二十道
三短声 ···	十车距离信号
二短声 ··	五车距离信号

续表

一短声 ·	三车距离信号
一长一短一长声 —·—	连结及停留车位置
连续短声 ······	停车
二长三短声 ——···	要求司机鸣笛
一短声 ·	试拉
连续二短声 ·· ··	减速
三长声 ———	溜放
二长一短声 ——·	取消
二长二短声 ——··	再显示
二长声 ——	上行列车接近通报信号
一长声 —	下行列车接近通报信号

【课后作业】

1. 什么叫调车？调车按设备不同如何分类？
2. 调车作业的听觉信号有哪些？
3. 调车手持信号旗的标准有哪些？
4. 调车作业按照调车目的可分为哪几类？
5. 调车作业速度及安全距离的规定有哪些？
6. 试述调车色灯信号机的颜色显示及其意义。
7. 试述驼峰色灯信号机的颜色显示及其意义。
8. 试述十、五、三车距离信号的手信号显示方式。
9. 试述连结信号的手信号显示方式。
10. 简要说明你对铁路职业道德的理解，并分析加强铁路职业道德教育的意义。

项目 2　准备作业

【项目导学】

在调车作业前,调车领导人应按《技规》要求及时地编制、布置调车作业计划,有关调车人员提前到达调车地点,核对调车作业计划,确认进路,检查线路、道岔、停留车以及车辆防溜等情况,为调车作业做好准备。

铁路调车准备作业程序如图 2-1 所示。

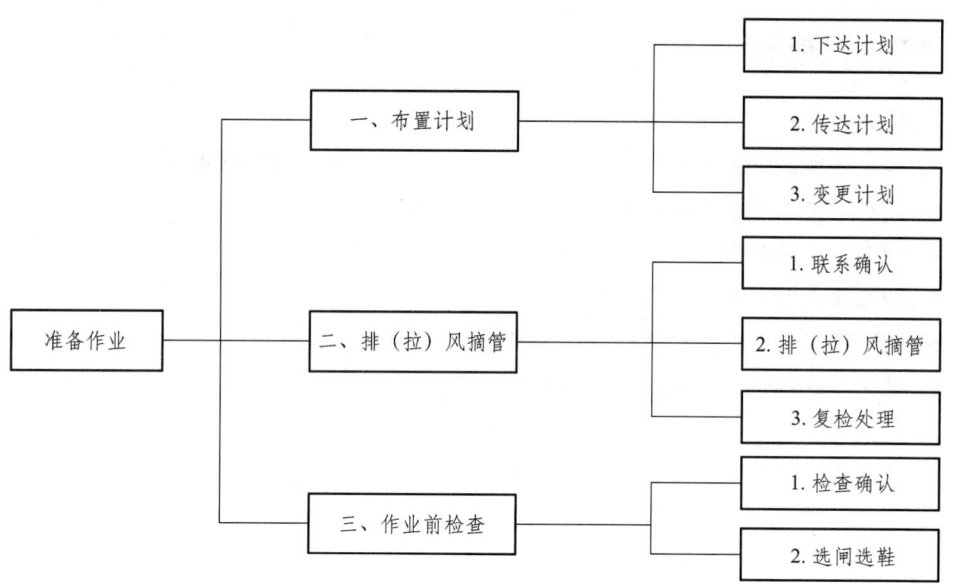

图 2-1　铁路调车准备作业程序

【任务引入】

? 请思考:在调车作业前需要做哪些准备工作?

工作任务 2.1　布置计划

任务描述

调车作业计划由调车领导人(车站调度员、调车区长或车站值班员)负责编制,并以调车作业通知单的形式下达给相关人员。

教学目标

1. 知识目标

掌握调车作业计划的编制要求及依据，能够根据作业需求，变更、传达作业计划。

2. 技能目标

能够编制调车作业计划，并向司机、调车相关人员传达作业计划，在作业完成后向调车领导人进行汇报。

3. 素质目标

认识调车工作对铁路运输生产组织的重大意义，树立严格执行工作程序、工作规范、工作标准和安全操作规程的思想，培养学生的高度责任感和良好的团队合作精神。

2.1.1 下达计划

1. 计划编制

调车领导人应做到：正确及时地编制、布置调车作业计划。布置调车作业计划，应使用调车作业通知单［企业另有特殊规定时除外（按国铁集团、铁路局集团公司有关规定执行）］；普速铁路中间站利用本务机车调车以及高速铁路车站进行有车辆摘挂的调车作业时，应使用有示意图的调车作业通知单（示意图可另附）。调车作业通知单按企业规定格式符号及要求填写（铁路局集团公司规定或在《站细》内的规定）。

（1）调车作业计划编制的要求。

① 符合列车编组计划、列车运行图和《技规》的规定，保证调车作业和人身安全。

② 合理运用技术设备和先进工作方法，最大限度地实现解体照顾编组，解体照顾送车，使解、编、取、送作业密切配合，力争做到调车钩数少、调动辆数（带车数）少、占用股道少、行程短、作业方便、调车效率高平均钩分小）。

③ 做到及时、准确、完整。"及时"就是及时编制和下达计划；"准确"就是保证计划本身无漏洞、无差错，尽量不变或少变计划；"完整"就是要求调车作业通知单字迹清楚、项目齐全。

（2）调车作业计划编制的依据。

① 阶段计划规定的各项调车作业的顺序和起止时分。

② 到达列车确报，包括车种、车号、品名、载重、到站、收货人和特殊标记等。

③ 调车场、货场线路固定用途、容车数和停留情况。

④ 调车区现在车及其分布情况。

（3）调车作业通知单的填写。

调车领导人应正确及时地编制、布置调车作业计划。布置调车作业计划时，应使用调车作业通知单，调车作业通知单应按铁路局集团公司规定格式逐项填记齐全。记事栏内需要标注的各种符号按《行规》及《站细》的规定填记。

中间站利用本务机车调车，应使用有车站示意图的调车作业通知单（示意图可另附）。

使用无线调车灯显设备的车站，调车作业计划布置方法，由铁路局集团公司规定。

列车在到达线路内拉道口、对货位、直接后部摘车、本务机车（包括重联机车、补机）摘挂及转线、企业自备机车进入站内交接线整列取送作业时，可不使用调车作业通知单。

自轮运转特种设备调车作业时是否需要使用调车作业通知单，由铁路局规定。

车列编组调车，就是按照列车编组计划、列车运行图和《技规》的规定，将车辆选编成车到或车组的过程。

（4）货物列车编组的相关规定。

① 货物列车编组计划中规定的车辆编挂方法。

编入货物列车的车辆去向、车辆编挂方法等应符合列车编组计划的规定。货物列车编组计划中规定的车辆编挂方法有以下几种：

a. 单组混编，即该列车到达站及其以远的车辆，不分到站、不分先后混合编挂。

b. 分组选编，即一个列车中分为两个及其以上的车组，属于同一组的车辆必须编挂在一起。对车组的排列，无特殊要求者，可以不按组顺编挂。

c. 到站成组，即在列车中同一到站的车辆必须编挂在一起。

d. 按站顺编组，在列车中除同一到站必须挂在一起外，还要求按车辆到站的先后顺序进行编挂。

以上各种列车编组方法，是根据各有关车站的能力、所需列车的性质分别确定的，其目的是实现加速车辆的周转和货物的送达。

② 执行列车编组计划的具体要求。

a. 摘挂列车主要是为中间站服务的，其编组方法应按中间站的要求办理。其一，所挂车辆应以到达中间站的车辆为主，即技术站开的摘挂列车应首先将到中间站的车辆挂走，不满轴时方可加挂其他车辆，为了中间站调车作业方便，到达中间站的车辆还应挂于列车前部；其二，需要时，摘挂列车应为中间站挂车留出空余吨数（留轴），留轴后仍有"余轴"时，方可加挂编组计划指定的车流（如区段车流）。

b. 编组一般货物列车时，车组的编挂位置除单独指定者外，不受车组组号顺序的限制。临时排送空车时，应单独选编成组（摘挂、小运转列车除外），按回送单据向指定到站回送的空车（特殊规定者除外），按该到站的重车办理。

c. 车辆应按规定径路运行。

d. 同一技术站编组数种不同到达站的列车或车组时，每一列车和车组均不包括另一种列车或车组的车流。

③ 执行列车运行图时具体应做到的方面。

a. 货物列车的重量和计长应符合列车运行图的规定。

b. 全国主要干线直通列车规定了统一的牵引重量和长度标准。直通列车原则上不准超重、超长或欠轴。

c. 摘挂列车、小运转列车、固定车底的循环列车、快运货物列车、军用列车、机械保温列车、限速列车、路用列车及"五定"货运班列等不受欠轴的限制，但超重或超长时，仍应按有关规定办理。

d. 线路坡度为 12.5‰以上的区段，其牵引定数的尾数波动局管内的列车由铁路局自定，跨局的由有关局商定并经国铁集团批准。

④ 执行《技规》具体应做到的方面。

编入货物列车中的车辆技术条件、装载危险货物车辆的隔离、关门车的编挂、机车编入列车的条件等，均应符合《技规》的规定。

2. 计划下达

（1）调车领导人与调车指挥人应亲自交接（连续作业时可由连结员接取）计划，并布置作业要求和注意事项。由列车调度员担当调车领导人时，可指派胜任人员代为转达。

（2）一批作业不超过三钩，可用口头方式布置（普速铁路中间站利用本务机车调车及高速铁路车站进行有车辆摘挂的调车除外），有关人员应复诵。

2.1.2 传达计划

1. 传达计划

（1）调车指挥人应亲自向司机交递调车作业通知单，传达作业方法及注意事项。

（2）对较远的制动组及扳道组，传达计划的办法由企业规定。

（3）一批作业不超过三钩，可用口头方式布置（普速铁路中间站利用本务机车调车及高速铁路车站进行有车辆摘挂的调车除外），有关人员应复诵。

2. 作业分工

调车指挥人：向调车组人员传达计划时（连续作业、向其他有关人员传达计划有困难时，可指派连结员进行），应明确分工，布置重点注意事项，并及时听取复诵。

调车人员：接受调车作业计划后，按分工做好准备。

> **知识链接**
>
> 调车领导人和调车指挥人亲自交接计划不仅能够防止误传计划，而且能全面了解更多的情况，全面了解作业任务及意图，及时准确地掌握各种注意事项，有利于保证调车安全，提高调车效率。
>
> 如确因连续作业，调车指挥人不能离开机车时，调车领导人应将计划亲自送到作业场所，当面交予调车指挥人。
>
> 如因设备和劳动组织的原因，调车领导人与调车指挥人不能亲自交接计划时，交接办法在《站细》内规定。
>
> 但无论用人工传递、固定设备传递还是电话抄收，都必须保证调车计划能够交接清楚。
>
> 随着现代化传输设备的应用，调车计划的传达方式越来越先进，自动化驼峰设备可将计划直接传输至自动控制系统，有的还采用调车通知单传输系统（传统机械、有线或无线设备等）、计算机网络传输、电话传真等，但计划接收人均应与计划编制人进行认真的核对，以免计划接收不正确影响作业，具体核对方法应在《站细》内规定。

2.1.3 变更计划

1. 变更限制

（1）变更计划（指一张调车作业通知单）不超过三钩时，可以口头方式传达（普速铁路中间站利用本务机车调车及高速铁路车站进行有车辆摘挂的调车时除外），有关人员应复诵。仅变更作业方法或辆数时，不受口头传达三钩的限制，但调车指挥人应向有关人员传达清楚。

（2）变更股道时，应停车传达。驼峰解散车辆，只变更钩数、辆数、股道时，可不通知司机，但调车机车变更为下峰作业或向禁溜线送车前，应通知司机。

（3）作业中变更计划，影响编组顺序、股道停车顺序和车数时，要取得调车领导人的同意，变更正线、到发线的调车作业计划时，应事先取得车站值班员同意。

2. 变更后报告

对于普速铁路，岔线、段管线、货物线内的调车作业计划与实际情况不符时，调车指挥人可自行修订计划，并传达清楚。作业完了及时向调车领导人汇报。

3. 对调车作业计划传达、变更的补充规定

（1）转场、越区和专用线取送作业时，对中途经过的扳道员可用口头方式传达计划。超过三钩的计划，对较远的扳道房交接调车作业通知单有困难时，可先用电话（无线通信设备）传达，待第一钩到达扳道房时，再交调车作业通知单。

（2）变更计划时，必须经调车领导人同意。不超过三钩时，可用无线通信设备传达，但必须得到有关人员的复诵。在专用线、货物线、段管线调车作业变更计划超过三钩时，调车指挥人可自行编制书面计划，但作业完了须及时报告调车领导人。

（3）在到发线上变更调车作业计划时，必须先得到车站值班员的准许。

（4）配有无线调车灯显设备的车站，须按无线调车灯显使用办法执行，具体联系办法由车站制定，纳入《站细》。

4. 调车作业发生差错时的处理步骤

调车作业发生差错的处理步骤如下：

（1）停止调车作业。

（2）对照调车作业计划，确定错误情况。

（3）通知有关人员。

（4）根据差错发现的实际情况及对接续作业或相关作业的影响，及时采取适当的补救措施。

（5）变更调车作业计划。

（6）执行新的调车作业计划。

> **案例学习**
>
> **案例：**
>
> ××年×月×日，×站调车作业，因调车区长和车站值班员对变更后的调车作业计划联系不彻底，造成信号员掌握的调车作业计划与实际不符，错将调车作业去 15 道（空线）进路排列成 12 道进路，领车连结员在距离 12 道停留车约 50 m 时发现调车作业错进股道，采取停车措施不及时，造成车列推进运行超速冲撞连挂，车列运行方向第 1 位平车 2 位端车钩铆钉断裂，构成一般 D1 类调车冲突事故。
>
> 请思考上述事故发生的原因。

工作任务 2.2 排（拉）风摘管

任务描述

调车作业人员在接受调车作业计划后，按照计划分工及注意事项，严格按照工作程序，做好排风摘管的相关工作。

教学目标

1. 知识目标

掌握排风摘管的作业方法。

2. 技能目标

进入车档作业前进行联系确认，做好防护工作，正确地完成排风摘管工作。

3. 素质目标

认识调车工作对铁路运输生产组织的重大意义，结合案例的学习，使学生树立遵章守纪，严格执行工作程序、工作规范、工作标准和安全操作规程的思想，培养安全第一、认真严肃的工作作风。

2.2.1 联系确认

1. 联 系

调车人员作业前应与调车领导人联系，了解列车到达情况和解体顺序，做到车次、股道、时间、钩序（或组号）清楚，多人作业时，做好分工。

2. 确 认

调车人员在列车到达后，确认列检到达试风完毕，方可开始排（拉）风。

3. 防 护

调车人员排（拉）风摘管，应按规定做好防护。

（1）排风作业在列车解体前完成。

（2）调车作业中，需进入车档或车下进行摘接软管、调整钩位等作业时，连结员（制动员）应使用无线灯显设备及时向调车长汇报："×号进入车档作业"，得到调车长复诵："某号进入车档作业，调车长明白"后，按下紧急停车按钮，方可进行作业。

（3）作业人员发现危及行车和人身安全时，应使用紧急停车按钮，及时向司机发出停车指令。

（4）作业完毕或紧急停车原因消除后，发出停车指令的人员应及时"解锁"。

案例学习

案例一：

××年×月×日，×站驼峰调车作业人员未联系互控进入8道东头停留车第1、第2位车档间作业，后续溜放的13辆车组与8道停留车组（7辆）连挂后自西向东运行，车列移动中将其碾压致死，构成一般B1类人员死亡事故。

案例二：

××年×月×日，×站驼峰调机执行解体调车计划，当作业至第6钩推峰时，当班连结员在未联系互控的情况下，盲目进入车档摘解制动软管时跌入股道被推峰车辆压断双腿，构成铁路交通一般B2类人身重伤事故。

请思考上述两起事故发生的原因。

2.2.2 排（拉）风摘管

1. 排（拉）风

1）排（拉）风的定义

排风，即是缓缓打开折角塞门，放出主风管的风，排净副风缸里的风，使车辆彻底缓解。这是解体作业前最重要的工序之一，排风分为放风和拉风两个作业过程。

（1）放风：是在车辆解体前，开放车列一端的折角塞门，将全车列由于机车总风缸的充风作用而在各车辆制动主管内储存的压缩空气放出一定的压力后关闭（一般留约100 kPa 的余风）。

（2）拉风：是将副风缸内的余风通过人力拉动缓解阀将其排尽。

2）排风的目的

排风的目的是防止溜放作业中，副风缸内的余风压力大于主管内余风压力时，将引起车辆自动抱闸或缓解不良，造成车辆在溜行途中被迫停车。这是消灭和减少调车作业中车辆冲突或尾追的关键。故排风不彻底，不仅影响效率，还会影响安全。

3）排风方法

排（拉）风应缓缓打开折角塞门，放出制动主管的风。排放制动缸余风，做到风排净、不漏排、不抱闸，排（拉）风作业应在列车解体前完成。

（1）放风：放风于待解车列完成到达技术检查后进行，由排风制动员，在车列一端，一手拿起软管，一手缓缓扳动折角塞门，将车列主管的风放出一部分后，立即将折角塞门关闭，连续开放几次，待软管驳力不大时为止（即软管内排出的风声将停止时，主管内预留约 100 kPa）。

需要注意的是：一是不要把车列主管内的风全部放净，应使主管内的风保持在 100 kPa 左右。操作方法是徐徐打开折角塞门，待主管放出一部分风压后，关闭折角塞门，这样连续几次即可。在扳动折角塞门时，如果一次扳得过猛，使主管风压剧烈放出，就会使车辆骤然紧急制动，以致造成制动机零部件损坏或缓解不良。

（2）拉风：就是在放风后，逐车拉动车辆副风缸上的缓解阀，排出副风缸里的余风。当副风缸内的余风压力小于列车主管内的压力时，主管内风压推动三通阀的活塞，并同时带动滑阀右移，使制动缸里的风压由三通阀排风口排出，而使车辆的制动机得到缓解。

（3）石子拉风：即利用调车场内的石碴（或利用排风三角木），直接夹于缓解阀拉风杆的手把外面，以代替人力，达到不间断排风的目的。需要注意的是，先用力拉动拉风杆，待副风缸内的余风开始排出时，方可将石子夹上，石子已起到排风作用时，拉风人员方可离开该车。这种放风方法的优点是拉风速度快、效率较高。缺点是增加了取石子的作业过程，石子不实不紧，车辆则不能及时缓解。这种拉风方法适合在人员紧缺，作业时间受到限制时采用。这是目前现场广泛运用和调车人员习惯运用的一种方法。

（4）循环拉风：即由一人绕待解车列往返进行拉风。去时拉拉风杆及关闭这一侧的折角塞门，回时复检未完全缓解的车辆和把去路上无拉风杆而没有进行拉风的车辆进行检查拉风，同时再关闭这一侧的折角塞门和摘解软管。这种拉风方法优点是制动员遇到一侧无法拉风的车辆时，不必钻车底到另一侧找拉风杆，消灭了往返钻车。缺点是凡解体一列车，一名制动员就必须绕车列往返一次。适用于作业时间不受限制的情况。

（5）跟踪拉风：对急需车辆，列检技检完了，拉风人员就随之进行拉风的"先检先拉"的拉风方法。这种方法一般适用于快速中转车辆及紧急排送车辆的作业。采用此法应注意：必须与列车技术检查人员密切联系，不能影响列检人员的作业，特别是在放主管的余风时，切勿过猛过急。制动员拉风后，应及时进行复查，发现拉风不缓解的车辆，应及时处理。

2. 摘　管

软管是连结两车辆制动主管的软管，其端部装有连结器。摘结软管就是把两软管的连结器摘开或接上。

1）摘管程序

按"一关前，二关后，三摘管，四提钩"顺序摘管，不能颠倒或遗漏。

"一关前"：关闭靠近机车方面的折角塞门，使其与主管垂直。

"二关后"：关闭另一端折角塞门（客车还有暖气管端阀）。

"三摘管"：摘开相邻车辆两软管前端的连结器。

"四提钩"：提开车钩。

2）摘管方法

（1）正手摘管：先关闭两主风管折角塞门，使其手把同软管垂直，而后将后腿伸入两轨中间并稍加曲膝，紧紧靠住两软管管接头，右手用力向上提拉靠近自身软管管接头，使软管管头部扭转即可将软管摘开。它的优点是：易学、好用。缺点是：消耗体力大、磨衣服，在初学和运用阶段如不注意，易将手背、腿部或胸部划伤。

（2）反手摘管：开始时与正手摘管一样，就是用左手握住靠近身体一边的软管，右手反握住另一软管头部向上稍微托起，软管的余风随即漏出，待余风漏出后再用力向上托，即可摘开软管。它的优点是：不磨衣服，避免打伤手、脸，但排风制动员必须有良好的技术。

3）摘管时应注意的问题

首先要重视摘管工作，严格按调车作业计划的要求摘管，其次在摘管中容易发生挤伤手或打伤腿的情况，初学排风摘管的制动员应尤为注意，为防止工伤发生，必须要按摘管的要领进行。摘解带风的软管时，应在两软管头刚刚错开时，略停一下，待软管的余风排出一些后，再继续往上提，以防软管端部的连结器因受风压的冲力而打伤摘解软管人员的腿。

2.2.3 复检处理

1. 检　查

（1）调车人员检查（核对）禁止溜放、禁止通过驼峰、不宜使用铁鞋制动的车辆。未下达计划的，将检查情况报告调车领导人，已下达计划的，将核对不一致的情况报告调车领导人和调车指挥人。

（2）调车人员排（拉）风摘管后，逐辆检查，发现问题及时处理。调车长确认开口处或末端制动员的回示，注意调车人员上车及安全等情况，向司机回示"好了"信号。

2. 处　理

调车指挥人根据报告或指示，在调车作业通知单上注明人力制动机制动、禁止溜放或禁止过峰车的钩序，并向有关人员传达清楚。

工作任务 2.3　作业前检查

任务描述

调车作业前，为了确保工作的安全有序进行，有关人员必须做好充分的准备，认真进行作业前检查。

教学目标

1. 知识目标

掌握检查线路、检查车辆，以及选闸、试闸的方法。

2. 技能目标

在掌握理论知识的基础上，根据实际作业情况进行选闸、试闸。

3. 素质目标

认识调车工作对铁路运输生产组织的重大意义，培养学生爱护设备、工具及备品的习惯，树立严谨认真、相互协作、遵章守纪的思想，培养安全第一、认真严肃的工作作风。

2.3.1 检查确认

1. 检查工具备品

调车人员检查无线调车灯显设备、手信号灯（旗）、安全带、号角、口笛、防溜器具、铁鞋叉子、提钩摘管器、制动软管胶圈、简易紧急制动阀等。

2. 检查线路

连结员、制动员检查线路上有无障碍物，防护信号是否撤除，大门开启状态，调车组扳动的道岔是否良好及开通位置，线路两旁及站台上堆放货物距离是否符合规定等。不符合规定要求时，不允许进行调车作业。

3. 检查车辆

连结员、制动员根据调车作业计划核对车辆、注意事项，检查停留车位置（开口车号）、连挂状态，有无压鞋、人力制动机是否松开等，调整好钩位。

2.3.2 选闸选鞋

1. 选　闸

制动人员在作业前选择制动车辆及人力制动机类型、位置等，称为选闸。

溜放两辆以上车组时，制动员要认真选闸。选择一个制动性能良好的人力制动机，对保证作业安全，提高作业效率意义重大。选闸一般原则是：制动力强、操作灵活、瞭望方便。具体选择方法如下。

（1）选标不选杂。

即选择制动性能好的标准型人力制动机。这些车辆人力制动机质量好、制动力强、使用灵活。

（2）选大不选小。

即在同一车组中，大小型车都有时，要选择大型车上的人力制动机，大型车制动力大，便于调速。

（3）选重不选空。

即选择重车上的人力制动机。根据物理学中两物体相互碰撞的原理，重车质量较大，制动时首先减速，与相邻车辆发生碰撞，质量较大的车辆会很快带着其他质量较小的车辆减速。所以空重车混杂时要选重车的人力制动机，并应尽量避免使用装有原木、毛竹、棉花、芦苇等车辆的人力制动机，因为这些车辆既不好上、下车，又不易瞭望。

（4）选高不选低。

即选择易于瞭望前方进路及线路内停留车位置的车辆上的人力制动机。一般而言，棚车、大型敞车的制动台较高，便于瞭望进路，确认停留车位置和掌握制动距离。

（5）选前不选后。

即选择溜放车组中偏前的闸位。这不仅易于瞭望，而且调速方便。根据现场经验，如溜放车组5辆，制动力强的是第二、三辆闸位；溜放车组10辆时，制动力强的是第三、四辆的闸位。

（6）选对口闸。

即选择相邻车辆相对的人力制动机，以防止这车人力制动机一旦失效可立即使用另一车人力制动机（但注意不能违章作业），而且要选上、下车方便的车辆。

选闸时，制动员可根据上述原则结合实际情况机动灵活地选用。但在选闸的同时，应先检查人力制动机状态是否良好，如检查制动链是否良好，闸瓦踏面是否有油垢等。折叠式人力制动机要注意检查轴套、销子状态是否良好；螺丝闸要检查丝扣上泥垢是否太多，磨耗是否太大；对于各种类型的人力制动机，要注意闸瓦状态是否良好，磨薄的闸瓦与车轮踏面的间隙大、制动力差。新换闸瓦与车轮踏面不能密贴。还要注意货物装载状态是否良好、牢固。

2. 选　鞋

根据试验测定，车轮与钢轨的滑动摩擦系数（约 0.15～0.20）比滚动摩擦系数（约0.002）要大百倍。铁鞋制动就是利用变滚动摩擦为滑动摩擦的原理，增大摩擦力，使溜行车组尽快减速以致停车，从而达到制动的目的。使用铁鞋制动时，应准备数量足够且符合标准的铁鞋。

1）禁止使用的铁鞋

下列不良铁鞋一律禁止使用：

（1）支座有裂纹。

（2）没有挡板或挡板损坏。

（3）底板扭曲。

（4）鞋尖与轨面不密贴。

（5）鞋尖破损或弯曲。

（6）鞋尖宽度超过轨面宽度。

（7）支座或底板的焊接破裂。

（8）底板边缘损坏，磨耗过甚或弯曲。

（9）铁鞋尺寸与轨型不符。

（10）铁鞋底板有冰雪、油渍或盐碱等润滑物质。

2）不能使用铁鞋的车辆

（1）直径950 mm及其以上的大轮车。

（2）外闸瓦车。

铁路货车大多为内闸瓦，客车大多为内外闸瓦（双闸瓦）。闸瓦部件距轨面最低25 mm，铁鞋高 110~125 mm。外闸瓦车若上鞋易被闸瓦（或闸瓦钎）打掉，或造成铁鞋沿轨面滑行而车轮压不上，起不到制动作用。

3）禁止使用铁鞋的地点

（1）曲线外轨。

（2）调车场以外的线路，如到发线、货物线、专用线等，因钢轨型号不一，不宜使用。

（3）在道岔区、钢轨接头地点、道口均不宜使用铁鞋。

（4）线路的道口（平过道处）。

（5）加、减速顶区。

（6）调车场以外的线路，主要因钢轨型号不一，严禁使用铁鞋制动。

【课后作业】

1. 试绘调车准备作业程序流程图。
2. 调车作业计划编制的依据是什么？
3. 调车作业计划变更限制是如何规定的？
4. 调车作业发生差错的处理步骤是什么？
5. 简述排（拉）风的定义。
6. 简述排风的目的。
7. 简述摘管程序及方法。
8. 简述选闸的定义及方法。

项目 3　自动化驼峰作业

【项目导学】

驼峰调车是在驼峰上进行列车解体的调车作业。驼峰调车的任务主要是解体车列，必要时也协助峰尾牵出线进行编组作业。

目前，我国铁路自动化驼峰均采用 TW-2 型驼峰组态式系统来实现驼峰进路与调速自动控制，它由控制计算机、操作工作站、报警打印机、雷达、测长、减速器、道岔、信号机、轨道电路等设备组成。自动化驼峰的主要特点是对解体溜放作业实现推送速度自动控制、溜放速度自动控制、溜放进路自动控制。

铁路调车自动化驼峰作业程序如图 3-1 所示。

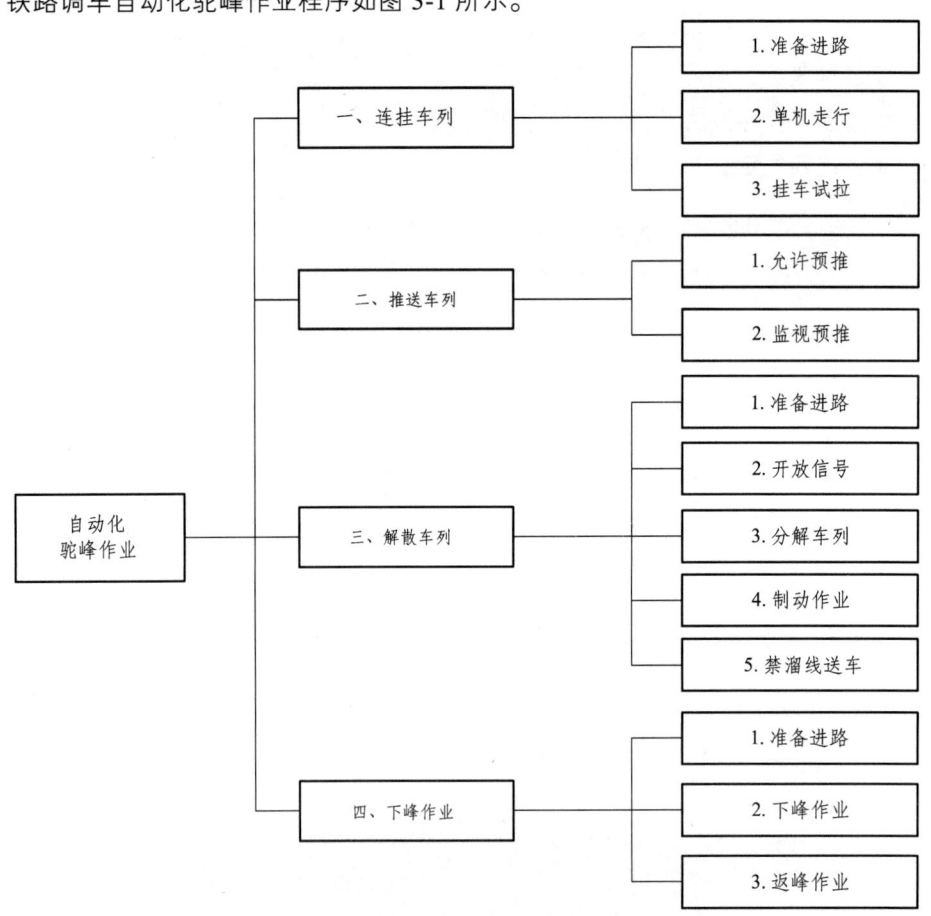

图 3-1　铁路调车自动化驼峰作业程序

🚈【任务引入】

❓ 请思考在自动化驼峰办理调车作业应如何做。

🚈【任务实施】

工作任务 3.1　连挂车列

任务描述
调车机车驶往到达场连挂车列。

教学目标
1. 知识目标
根据调车作业计划要求，确认调车人员作业准备完毕，正确及时地显示信号，控制速度、稳妥连挂，最终完成连挂车列任务。

2. 技能目标
在作业前检查线路、车辆、防溜措施、防护信号等情况；根据调车作业计划内容联系调车区长、车站值班员、驼峰值班员，具备动车条件后，向调车司机显示起动信号；确认调车进路、调车联系信号、道岔开通信号；在列车推进前指挥试拉；能判定车列停车位置。

3. 素质目标
认识调车工作对铁路运输生产组织的重大意义，树立爱岗敬业、遵章守纪的思想，培养学生使其具备工作认真负责的态度，并具有高度责任感和良好的团队合作精神。

3.1.1　准备进路

1. 联系径路
驼峰值班员根据计划要求，与有关车站值班员联系挂车股道、车次及径路。

2. 准备进路
助理值班员（内勤）根据计划或车站值班员指示，正确排列进路，开放信号。

> **知识链接：进路**
>
> 　　进路是指在站内，列车、调车机车或车列由一个地点到另一个地点所运行的径路。
> 　　进路包括列车进路和调车进路。
> 　　调车进路是指调车车列在站内进行调车作业时所经过的路径。

3.1.2 单机走行

1. 指示动车

调车长向司机显示起动信号。

2. 单机返岔

助理值班员（内勤）确认机车动态，正确排列挂车进路，开放信号。

> **知识链接：道岔**
>
> 　　道岔是一种使机车车辆从一轨道转入另一轨道的线路连接设备，通常在区段站、编组站大量铺设。
> 　　道岔有控制机车、车辆转向的功能。
> 　　道岔的种类一般有：单开道岔、双开道岔、三开道岔。

3.1.3 挂车试拉

使机车车辆连挂在一起的作业过程，称为挂车。

挂车前，要先调整钩位；挂车后，要确认车钩的连挂状态并试拉。需连接软管作业时，还要连接软管，开放折角塞门，检查车列主管通风情况。

调车长指挥机车连挂，具体工作内容如下：

（1）接近车列，确认具备挂车条件。

（2）显示连结信号，指挥机车连挂。

信令显示：

单机距停留车一车时，调车长操纵手持台，交替按绿红键（各 0.5 s），显示"连接"信号指挥单机挂车；机车距停留车 3～5 m 时，连续按黄键两次（各 0.5 s），显示"减速"信号；接近连挂时，按红键（0.5 s），显示"停车"信号。确认车钩连挂妥当（钩锁销完全落槽）后，接通制动软管。

（1）确认车列。

连结员：跟随机车至解体车列前下车确认车列（设固定人员时除外）。

（2）指挥挂车。

调车长：接近车列，确认具备挂车条件，显示连结信号，指挥机车连挂。

（3）联系试拉。

调车长与连结员联系，得到回示信号后，向司机显示试拉信号。

连结员：确认车列全部起动，向调车长回示"好了"信号。

调车长：确认连结员回示"好了"信号，向司机显示停车信号。

> **案例学习**
>
> **案例一：**
>   1月7日5时25分，上海局阜阳北站下行驼峰解体10197次，7道-9（含JSQ车）执行单钩溜放时，溜放车组第4、5辆（两辆JSQ重车）在二部位缓行器处脱线。主要原因是驼峰作业员在作业过程中未认真确认溜放进度，提前将勾计划删除，造成驼峰控制系统转为自动溜放，系统执行下一钩计划时道岔中途转换，造成溜放车组第4、5辆（两辆JSQ重车）脱线。
>
> **案例二：**
>   12月2日成都局成渝线内江站调车溜放作业时与途停车辆发生侧面冲突。主要原因是前钩溜放车组中的车辆人力制动机处于拧紧状态，溜放中途停，调车长未检查发现前行车组途停盲目指挥连结员提钩溜放后续车组。

工作任务 3.2　推送车辆

任务描述

在确认人员到位后，核对解体列车车次、股道，车辆检查到位，推送解体车辆制动软管已摘开，具备推送车辆条件后显示试拉信号，确认推峰信号，指挥推送作业。

教学目标

1. 知识目标

能够正确地显示调车信号，并在车辆推峰解体前，检查车辆状态、停留车、防护信号等情况，完成推送车辆任务。

2. 技能目标

能检查确认车辆制动软管已全部摘开，车辆无抱闸，确认推峰信号，能向调车长、司机显示试拉、推进信号。

3. 素质目标

认识调车工作对铁路运输生产组织的重大意义，树立爱岗敬业、相互协作、遵章守纪的思想，培养安全第一、认真严肃的工作作风。

3.2.1　允许预推

1. 联系预推

助理值班员（内勤）确认机车进入挂车股道，报告车站值班员。

车站值班员联系驼峰值班员，准备预推。

驼峰值班员确认具备预推条件，按下允许预推按钮。

2. 开放信号

助理值班员（内勤）：确认允许预推表示灯亮，排列预推进路，开放驼峰辅助信号。

调车长：确认驼峰辅助信号开放，向司机显示起动信号。

3.2.2 监视预推

驼峰值班员：从设备上监视预推，发现异常及时处理。

调车长或连结员：确认驼峰辅助信号显示状态。

> 知识链接："三盯"
>
> 驼峰一台作业员：盯计划、盯进路、盯信号。
>
> 驼峰二台作业员：盯计划、盯入口速度、盯出口速度。

工作任务 3.3 解散车列

任务描述

根据驼峰信号显示，能够按照调车作业计划解体列车，对禁止过峰、禁止溜放的车辆能够完全掌握。

教学目标

1. 知识目标

能够掌握驼峰溜放作业车辆有关规定，做到主体信号机未开放、计划与现车不符、车辆出风抱闸时，推峰速度超过规定速度或按正常走行提不开钩、车辆碰撞限界检查器时，未确认前方车组已开钩时，危及行车或人身安全时不进行溜放解体作业。

2. 技能目标

能掌握溜放车辆提钩时机，处理出风抱闸车辆，并按调车计划完成溜放解体作业。

3. 素质目标

认识调车工作对铁路运输生产组织的重大意义，培养学生爱护设备、工具及备品的习惯，树立严谨认真、相互协作、遵章守纪的思想，培养安全第一、认真严肃的工作作风。

3.3.1 准备进路

1. 输入计划

驼峰值班员：通过计算机终端输入调车作业通知单至驼峰自动控制系统并储存。

2. 核对计划

驼峰值班员：

（1）调出储存的调车作业通知单并进行核对和修正。

（2）车列压上接近表示后，核对计划。

（3）布置峰尾防溜（未设峰尾防溜人员的除外）及重点注意事项。

3. 办理自动进路

驼峰值班员：

（1）应及时封锁因作业需要或设备故障的股道。

（2）将各溜放进路上的道岔置于自动位置（被封锁的道岔除外），将与迂回线有关的道岔置于安全位置。

（3）确认进路显示器、调速显示器控制台设备表示正常。

> **知识链接：驼峰进路准备**
>
> （1）作业前，驼峰作业员必须认真检查各自工作站显示屏显示状态：光带信号表示灯是否显示正确，手动应急台分路道岔手柄是否在中间位置（封锁道岔除外）。
>
> （2）驼峰值班员按调车作业计划开放信号后，安排作业员办理推峰进路。

3.3.2 开放信号

驼峰值班员：

（1）通知各作业点准备作业，输入溜放开始命令。

（2）操作和确认设备进入溜放自动控制状态，开放驼峰信号，司机按驼峰信号显示推峰。

> **知识链接：信号**
>
> 铁路信号是指以标志物、灯具、仪表和音响等向铁路行车人员传送机车车辆运行条件、行车设备状态和行车有关指示的技术与设备。
>
> 铁路信号的作用是保证机车车辆安全有序地行车与调车作业。

3.3.3 分解车列

1. 指挥推峰

驼峰值班员：

（1）根据调速显示器上报警栏和进路显示器的显示内容，以及停留车位置、气候条件、难易行线、车组去向及大小、空重、车组间隔、车组走行性能、峰上作业等情况，正确及时操纵驼峰信号，掌握好推峰速度，认真监视溜放窗口。

（2）注意提钩和调速制动情况。

（3）根据车组溜放情况和有关人员报告，及时向有关人员发出指令，遇有危及安全的紧急情况，应立即关闭驼峰信号，先停车后处理，未得到有关人员处理完了的回示，不允许开放信号。

2. 监视推峰

调车长：监视驼峰信号的显示，监督司机按信号显示准确掌握推峰速度。

3. 提钩作业

连结员：

（1）按调车作业计划准确掌握提钩时机，正确提钩，做到一确认（信号显示、摘钩车数、大组车摘钩车号、推峰速度、车组走行）、二检查（制动软管、提钩杆、抱闸车、长轴距车及禁止溜放和过峰车辆）、三提钩（掌握提钩时机，不错不漏）。

（2）遇有提钩车号不符、危及安全时，应立即报告驼峰值班员处理，来不及时应迅速按下切断器后再行报告。

（3）遇有漏摘制动软管或没有拔出防跳插销、钩链不良的车辆，使用提钩摘管器进行摘管、提钩，处理不了时，应停车处理。

4. 进路处理

驼峰值班员和驼峰作业员共同完成：

（1）当发现进路显示出现命令错误、无命令、多命令时应作相应处理，遇设备异常时应关闭驼峰信号并通知有关部门处理。

（2）解体过程中，根据需要可对尚未执行的计划进行修改。

（3）当车辆在三部位减速器上或三部位前停车时，应注意监视并采取安全措施。

（4）遇道岔转换过程中受阻，不能转换到位，道岔中途返回原位锁闭，系统提示"道岔恢复"时，应立即关闭驼峰主体信号，指示司机停车，并通知有关人员进行处理。

（5）当出现报警时，应采取相应处理措施。

案例学习

典型案例：

12月17日南昌局沪昆线鹰潭站货检人员检查发现22006次货运列车机后第2位车辆运行方向左侧（N17AK5063015、弄弄坪站发杭州北站，品名：重轨）装载加固的盘条断裂3根。主要原因是向塘西站违规编制调车计划溜放禁溜车辆，且未检查发现货物装载加固异常，导致问题车辆编入列车运行至鹰潭站。

3.3.4 制动作业

减速器制动由驼峰值班员和驼峰作业员共同完成：

（1）自动溜放时，减速器处于自动控制状态，应按规定正确使用。

（2）根据停留车位置、气候条件、难易行线、车组去向及大小、走行性能等情况随时监视各部位的入口速度、出口速度。当溜放车组出现危及安全的情况时，应立即按下切断信号按钮，关闭驼峰信号。

（3）解体作业中随时监视控制台、进路显示器、调速显示器上的各种显示状态及溜放车组走行状态，发现车辆夹停、途停、堵门、设备故障等情况，及时报告驼峰值班员，危及安全时立即按下切断信号按钮，关闭驼峰信号，停车处理。

3.3.5 禁溜线送车

1. 指挥送车

驼峰值班员：

（1）根据调车作业计划和连结员的报告，掌握作业进度，及时关闭驼峰信号，停止推峰。

（2）机车车辆停妥后，开通禁溜线的道岔，开放信号，待车辆送入禁溜线后，关闭信号。

调车长、连结员、制动员：

（1）提前检查确认禁溜线线路及车辆，确认信号开放，指挥机车向禁溜线送车。

（2）对送入禁溜线的车辆，先防溜后提钩。

2. 联系返峰

驼峰值班员：确认送车完了，开放信号，继续解散作业。

工作任务 3.4 下峰作业

任务描述

驼峰溜放作业过程中，车辆未溜到指定地点，造成后续车辆无法进行溜放作业，需要调车机车下峰顶车作业；由于推送解体车辆不具备溜放条件，需要推送车辆下峰作业。

教学目标

1. 知识目标

推送车辆下峰作业能够正确地显示调车距离信号，判断车距、控制速度，并按照计划完成作业。

2. 技能目标

推送车辆下峰作业时能正确显示"十车、五车、三车"等距离信号。

3. 素质目标

认识调车工作对铁路运输生产组织的重大意义，培养学生刻苦学习、钻研业务的品质，努力提高技术文化素质的终身学习思想，培养安全第一、认真严肃的工作作风。

3.4.1 准备进路

1. 下峰联系

驼峰值班员：根据计划或作业需要，向有关人员布置下峰作业计划。

2. 准备进路

驼峰值班员：输入整理开始的命令，确认减速器已缓解，进路信号正确。

> **知识链接：安全风险点**
>
> 做好下峰联系，严禁盲目排列调车进路，造成错排进路；
> 与峰尾值班员做好线路占用登记，严禁两端同时调车作业。

3.4.2 下峰作业

1. 检查线路

连结员、制动员：提前检查线路、停留车辆，调整好钩位。当调车长确认停留车位置有困难时，应派人显示停留车位置信号。末端车辆距信号机（警冲标）不足 30 m 时，应采取安全措施。

2. 指示下峰

调车长：确认下峰信号，向司机显示起动信号，指挥机车下峰。

连结员、制动员：推送车列下峰时，在车列前部瞭望，正确及时显示信号。

3. 连挂车辆

调车长：单机挂车时，接近车列下车，向司机显示连结信号，指挥机车挂车。

调车长、连结员、制动员：

（1）推进挂车时，车列前部应有人瞭望，正确及时显示"十车、五车、三车"等距离信号。

（2）连续连挂时，可不停车连挂，应确认连挂状态，车组间隔超过 10 车时，应顿钩或试拉。末端车辆距信号机（警冲标）不足 30 m 时，应采取安全措施。

4. 确认摘车

调车长：将车列送到适当地点停车，确认连结员"好了"信号后，向司机显示起动信号。

3.4.3 返峰作业

1. 准备进路

驼峰值班员：确认返峰进路空闲，正确排列进路。

2. 开放信号

驼峰值班员：确认进路表示灯正确，开放调车信号，机车带车需越过推峰线进入到达场道岔区时，应在得到到达场车站值班员同意后，开放驼峰后退信号。

3. 返峰停车

驼峰值班员：确认机车车辆越过驼峰信号后，关闭驼峰后退信号。

【课后作业】

1. 试绘制铁路调车自动化驼峰作业流程图。
2. 连挂车辆时联系试拉是如何规定的？
3. 驼峰溜放作业提钩时如何做到一确认、二检查、三提钩？
4. 禁溜线送车时，调车人员如何检查确认？
5. 下峰作业时如何检查线路？
6. 下峰作业时如何连挂车辆？

项目 4　半自动化驼峰作业

【项目导学】

半自动化驼峰是在机械化驼峰的基础上装设的半自动控制设备，调车线内安装了Ⅲ、Ⅳ、部位车辆减速器、测重、测速及测长等设备。在分解列车时，测重、测速、测长等设备自动显示所测得数据，作业人员根据这些数据给定各个制动位车辆减速器的出口速度，半自动控制系统便能自动控制车辆减速器，使溜行车组的速度达到人工给定的出口速度，安全地停留在指定的调车线上。由于车辆减速器的出口速度是人工给定的，而车辆减速器的制动和缓解是由控制系统自动控制的，所以称为驼峰溜放车组走行速度半自动控制。

铁路调车半自动化驼峰作业程序如图 4-1 所示。

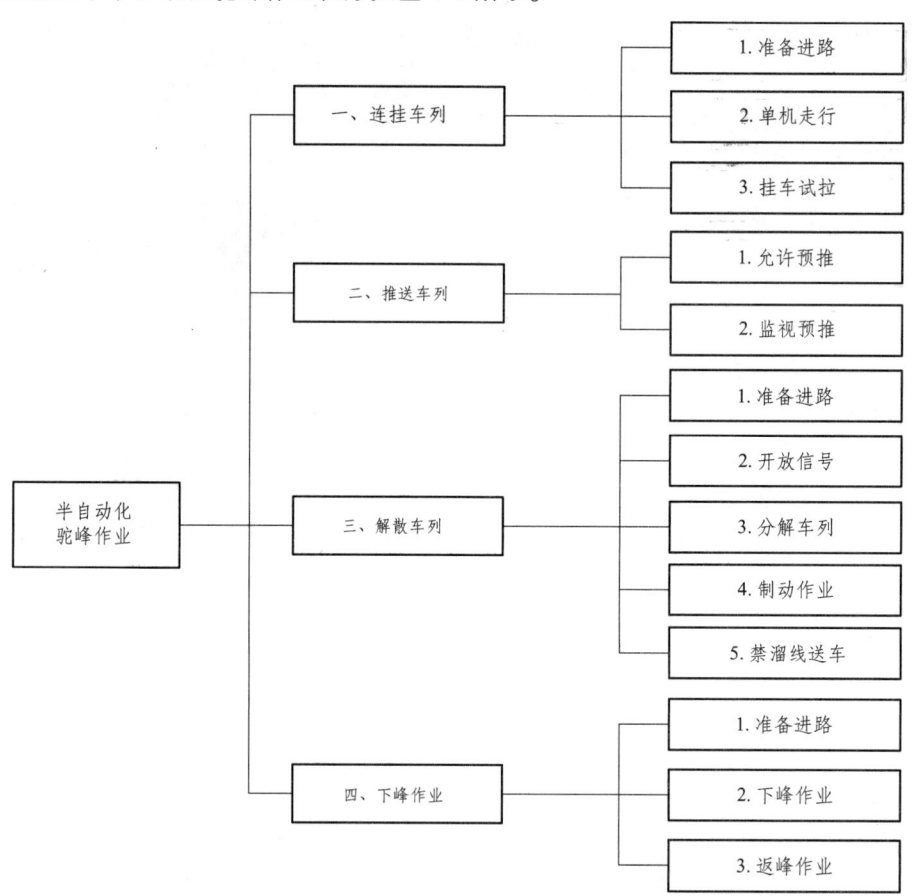

图 4-1　铁路调车半自动化驼峰作业程序

🚄【任务引入】

已知：丙站为编组站，车场配置为二级四场，车站设有半自动化驼峰，峰下设有车辆减速器，减速顶对车辆实施制动。到达场 3 道停有待解车列一列，根据《铁路调车作业标准》《技规》《站细》的有关规定，按计划对待解车列进行分解。

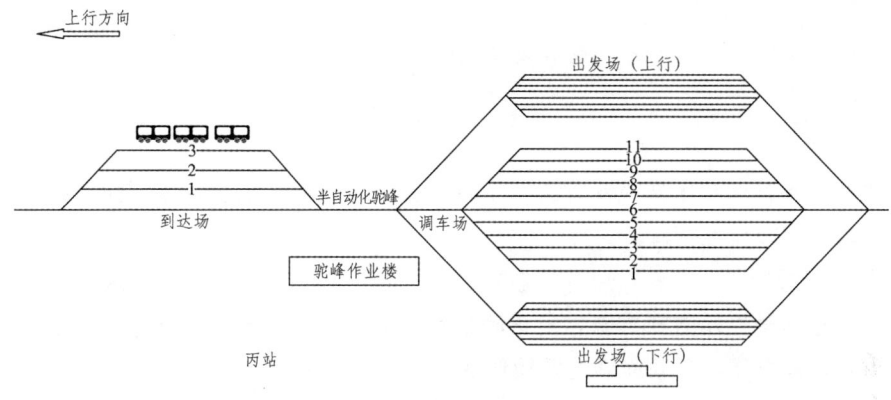

图 4-2 两站示意图

表 4-1 调车作业通知单 第 1 号

机车型号：DF5B
12 月 3 日第一班 D1 调车组
作业内容：半自动化驼峰解体作业
自××点××分起至××点××分止

顺 序	场 别	股 道	摘（-）或挂（+）	车 数	作业方法、开口车种车号特殊限制、注意事项
1	到达场	3	+	25	$C_{62}4285601$
2	调车场	1	-	5	$C_{62}4185939$
3	调车场	2	-	10	$C_{62}4235417$
4	调车场	3	-	5	$C_{62}4134572$
5	调车场	4	-	5	$C_{62}1695326$
注意事项： 检查线路、车辆；注意人身安全、控好速度						
调车领导人：××× 编制时间：×年×月×日×点××分						

 请思考：如何完成该溜放作业？

【任务实施】

工作任务 4.1　连挂车列

任务描述

调车机车根据调车作业通知单联系转场到到达场连挂车列。

教学目标

1. 知识目标

熟悉知晓各类调车信号显示意义，了解准备进路意义，了解挂车试拉意义及流程，了解半自动化驼峰作业特点。

2. 技能目标

掌握调车信号显示方式方法，能正确且熟练运用无线调车灯显设备，能正确掌握摘接软管方法，能办理半自动驼峰的解编作业。

3. 素质目标

培养严肃认真的工作态度、保障人身安全和作业安全的风险意识、积极提高作业效率的敬业精神。

4.1.1　准备进路

驼峰值班员根据计划要求，与到达场值班员联系挂车股道、车次及径路。信号员根据计划和车站值班员指示，正确排列进路、开放信号。

> **知识链接：驼峰半自动控制台**
>
> 驼峰半自动控制台设备有各种表示装置和控制按钮。
>
> （1）表示器。
>
> ①测速表：表示溜行车组进入与驶出车辆减速器的速度，供驼峰作业员监视车组溜行速度。
>
> ②测长表：表示该减速器至股道内停留车的距离，供驼峰作业员确定溜行车组离开车辆减速器的出口速度。
>
> ③定速显示器：显示驼峰作业员给定的出口速度。
>
> ④光带显示器：显示车辆减速器轨道电路区段是否被占用。被占用时亮红灯，空闲时灭灯。
>
> ⑤股道显示器：显示车辆溜入的股道。
>
> 控制按钮。
>
> ①定速按钮：每个按钮确定一个速度，定速按钮与股道配合使用。
>
> ②总缓解按钮：按下总缓解按钮，该控制台所控制的车辆减速器全部处于缓解状态，表示灯亮绿灯。开始解体时，应将总缓解按钮拉出，表示

> 灯熄灭，恢复半自动控制。车列解体完毕或驼峰调车机车下峰时，应按下此按钮。
>
> ③ 手动控制、缓解按钮：每股道设有手控按钮两个，红色为制动按钮，绿色为缓解按钮。
>
> 另外，还有液压正常和禁用表示灯、测长故障表示灯和检修表示灯。

4.1.2　单机走行

调车长确认信号开放，向司机显示起动信号，信号员确认机车动态，正确排列挂车进路，开放信号。

注意使用平调设备的固定调车机、区域调车机在站内单机挂车时，司机可不换端作业。

> **知识链接：进路的确认**
>
> 在调车作业中，调车有关人员要认真执行要道还道制度。
>
> 单机运行或牵引车辆运行时，前方进路的确认由机车司机负责。推进车辆运行时，前方进路的确认由调车指挥人负责，如调车指挥人所在位置确认前方进路有困难时，可指派调车组其他人员确认。
>
> 司机没有看到调车指挥人的起动信号，不准动车，但单机返岔或机车出入段时，可根据扳道人员显示的道岔开通信号或调车信号机显示的进行信号动车。无扳道人员和调车信号机时，调车指挥人确认道岔开通位置正确（如为集中操纵的道岔，还须与操纵人员联系）后，向司机显示起动信号。

4.1.3　挂车试拉

连结员跟随机车至到达场解体车列前下车（设固定人员除外）确认车列，调车长接近车列下车，确认排风完了，显示连结信号，指挥机车连挂。

连挂妥当后，调车长与连结员联系，得到试拉信号回示后，向司机显示试拉信号，连结员确认车列全部起动，向调车长回示好了信号。调车长确认连结员回示好了信号，向司机显示停车信号。

> **知识链接：试拉的规定**
>
> 试拉是指为防止车辆在推送或牵引走行中脱钩，在机车车辆连挂后进行一次牵引，以便确认车辆的连接状态。推送车辆时，应先试拉，确认连挂状态良好后再进行作业。但在同一线路内，连续连挂作业时，根据连挂距离，可以不每钩都进行试拉，但要确认连挂状态，车组间距超过 10 车时须试拉。连续连挂时，可以不停车连挂，但最后一组一般不采用连续连挂的方法进行，并要认真采取防溜措施，避免车辆溜出警冲标，造成严重后果。

> 调车作业中试拉的规定：
> （1）推送车辆时，要先试拉。车列前部应有人瞭望，及时显示信号。
> （2）编组列车或摘挂车辆的最后一钩（整列转线除外）。
> （3）本务机车连挂车列后需试拉。
> （4）与被连挂车组或车辆相距在 10 车以上时需试拉。

> **案例学习**
>
> **案例一：**
>
> ×年×月×日×时×分，某站运转车间执行第 S022 号计划最后一钩作业Ⅳ场（上行编发场）14 道-1 辆，调车长安排制动员回行车室取送货票，自己领车到 14 道甩一辆。制动员因货票未到就到Ⅳ场 4、5 道南头等待下一批 S025 号作业，此时调车长通知制动员 4、5 道有溜放，但制动员在作业过程中违章进入车档被正在编组溜放的车列撞轧，构成铁路交通一般 B1 类人身死亡事故。
>
> **案例二：**
>
> ×年×月×日×时×分，某站驼峰调机执行 43171 次解体计划，调车计划：DF2+53、BZ13-12、BZ4-7、BZ7-1、BZ13-12、BZ7-1、BZ13-18、BZ4-2，12 时 44 分，当作业至第 6 钩 BZ7-1 推峰时，当班连结员违章进入车档摘解软管时跌入股道被推峰车辆压断双腿，构成铁路交通一般 B2 类人身重伤事故。
>
> 请思考上述两起事故发生的原因。

工作任务 4.2　推送车列

任务描述

在确认人员到位，提钩处制动软管摘开、无抱闸车、溜放的第一辆车列车号正确及信号显示正确后，开始推峰作业。

教学目标

1. 知识目标

了解预推峰意义，知晓预推过程如何监视列车运行状态，了解预推处突措施，熟悉驼峰半自动控制台各种装置和控制按钮的作用和使用方法，熟悉各种调速设备的作用。

2. 技能目标

能够熟练解读调车作业通知单，正确核对开口处车号，掌握判断车辆是否抱闸及处理抱闸的方法，掌握无线调车灯显设备信令按键。

3. 素质目标

深刻认识解体作业对车站行车组织工作的重大意义，牢固树立人身安全和行车安全第一位的思想，培养团结合作、不畏艰险的耐劳精神。

4.2.1 允许预推

信号员确认机车进入挂车股道，报告车站值班员，准备推峰进路。驼峰调车长确认推峰进路正确，按下允许预推按钮。

信号员确认允许预推表示灯亮，排列预推进路，开放驼峰辅助信号。调车长确认驼峰辅助信号开放，向司机显示起动信号。

> **知识链接：推峰、溜放**
>
> 推峰：驼峰机车根据驼峰信号机的显示，将车列推送至峰顶驼峰主体信号机前准备解体。在采取双推单溜作业方案的驼峰，还包括将车列预推至驼峰信号机前等待。
>
> 溜放：机车继续推送车列，使被摘解的车组脱钩溜向调车场内的指定线路。

4.2.2 监视预推

驼峰调车长、调车长、连结员在预推过程中严密监视车列运行状态，发现危及行车安全的问题果断处理，减速停车。

> **知识链接：驼峰作业方案**
>
> 单推单溜：单推单溜方案只需要一条推送线、一条溜放线，由一台机车连续地进行挂车、推峰和溜放，在必要时下峰整理车场。这种方案中，驼峰设备的利用率低，解体能力小，但驼峰机车的利用率高，适用于改编作业量不大的编组站。
>
> 双推单溜：双推单溜的作业方案需要两条推送线、一条溜放线，使用两台调车机车。当一台机车在峰顶分解车列时，另一台机车可以到达场连挂车列、向峰前信号预推，两台机车交替进行车列溜放，从而提高了驼峰设备的利用率。
>
> 采用双推单溜方案，驼峰解体能力比单推单溜方案高，同时可以避免双推双溜方案折角车流重复改编的调车作业。调车机车下峰整理车场的作业，依据须整理的线路数，可以由一台机车担当，也可以两台机车先后下峰，其中一台完成整场后先去到达场连挂待解车列，待另一台回到峰前信号内方后，开始溜放。该作业方案适用于衔接方向较多、车列的车流构成复杂、改编作业量较大的编组站。
>
> 双推双溜：双推双溜作业方案的特点是到达场和调车场纵向划分为两

个作业区，每区各自配备 1~2 台驼峰机车，自成一个独立的调车系统，分别进行车列的解体作业。

实现双推双溜的驼峰作业方案应具备一定的设备条件和车流条件。

设备条件：具有两条推送线、两条溜放线、两台及以上调车机车、两套驼峰信号系统，调车场线路在 32 条以上。

车流条件：到达车流可以分为流量基本相等的两大部分，且每一方向到达改编列车的编组内容基本上都属于同一作业区集结的车流。

采用双推双溜的驼峰作业方案，驼峰设备可以得到充分的利用，解体能力大；但是在车站衔接方向较多、车流构成复杂时会产生大量折角车流，造成解体能力的损失。折角车流是指到达车站后将变换上、下行方向从车站出发的车流。

双推双溜作业方案与双推单溜作业方案的解体能力相等时，折角车流量在到达车流量中所占的比值称为采用双推双溜方案的临界值。此时，由于双推双溜方案的额外调车支出，已使双溜方案处于不利的位置。因而，在折角车流数量接近临界值时，就不应再采用双推双溜方案，而应改用双推单溜。通常采用 20% 为折角车流的临界值。

双推双溜的作业方案适用于改编作业量很大，但折角车流量不大的编组站。

知识链接：安全风险点

违章进入车挡作业。在车辆走行时进入车挡违章作业，这本是调车作业中绝对禁止的。但调车人员由于事先准备不足，车辆接近连挂，突入车挡调整钩位，或是溜放车辆刚起动才发现未摘管而急忙进入车挡去摘，用手去提钩锁销，侥幸图快，一旦被钢轨、石碴、枕木绊倒常难自拔。双足进入道心接制动软管，当车辆突入移动时，需两步才能跳出车挡。同时，这也容易绊倒、轧伤。

工作任务 4.3　解散车列

任务描述

驼峰机车推送车列经过峰顶，使被摘解的车组脱钩后，依靠车组本身的重力溜向调车场内指定的线路的作业流程。

教学目标

1. 知识目标

知晓解体调车信号显示，知晓难易行车、难易行线，知晓半自动化驼峰作业程序，知晓下峰作业和返峰作业流程，了解半自动化驼峰与自动化驼峰的区别。

2. 技能目标

熟知调车作业通知单接取、传达流程，掌握提钩方法和提钩时机，掌握禁溜线送车规定。

3. 素质目标

认识到解散车列作业环节在半自动化驼峰作业中的重要性，树立遵章守纪、严谨细致、爱路护路的思想。

4.3.1　准备进路

驼峰调车长核对计划，驼峰作业员储存自动进路或手动办理进路。

> **知识链接：驼峰作业员岗位职责**
>
> （1）负责操纵车辆减速器，控制溜放车组的速度和间隔。
> （2）正确办理储存自动、半自动进路及手动进路的方法。
> （3）检查、试验车辆减速器，掌握停留车位置及难易行车、难易行线情况，判断车组走行状态。
> （4）妥善处理车辆夹停、堵门、车组间隔不够、设备故障等情况。

4.3.2　开放信号

调车长确认计划正确、进路准备妥当。作业员开放驼峰主体信号，指示司机推峰。

> **知识链接：驼峰、驼峰辅助及驼峰复示信号机**
>
> 驼峰信号机以 T 表示，在右下角加推送线的顺序号，如 T_1、T_2。驼峰辅助信号机以 TF 表示，并在前面加推送线的顺序号，如 1TF、2TF。到达场股道上的驼峰复示信号机，在 TF 的右下角加股道号表示，如 TF_5、TF_6。

4.3.3　分解车辆

驼峰调车长根据停留车位置、车组走行性能、难易行线、气候条件及峰上作业等情况，正确及时操纵驼峰信号，掌握好推峰速度，并执行逐钩抹消制度。密切注视提钩和调速制动情况，根据车组特点，随时向有关人员通报。根据车组溜放情况和有关人员报告，及时发出指令，遇危及安全的紧急情况，应立即关闭驼峰信号机，先停车后处理，未得到有关人员处理完了的回示，不准开放信号。

调车长指挥推峰，监视驼峰信号的显示，监督司机按信号显示，准确掌握推峰速度。

连结员按作业计划准确掌握提钩时机，正确提钩，做到：

一确认——看调车作业计划与摘解车组的车数是否相符；看推峰速度、车组走行性难易和前行车组的走行速度，能否保证相邻车组必要的间隔距离。

二检查——检查软管是否摘开，是否有余风抱闸，提钩杆作用是否良好，闸链是否松开，能否使用铁鞋，是否禁止溜车或禁止过峰车。

三提钩——先试提车钩，但不要提开，以检查钩链是否折损或死钩，然后看准提钩时机，猛力提开车钩，并监督脱钩情况。

四呼应——连结员与连结员之间，连结员与调车长之间，要按作业计划认真核对车组辆数，并实行呼唤应答，防止错提、漏提。由两名提钩人员负责提钩工作时，还应做到两人交叉提钩；钩不脱，手不离；前钩不脱，后钩不提。在车钩分离后，前一组提钩人应向后一组提钩人显示脱钩信号。未得到前方提钩人的信号，后方提钩人不得提钩。

遇有提钩车号不符、危及安全时，应立即报告驼峰调车长处理，来不及时，应迅速按下切断器再行报告。遇有漏摘软管或没有提钩链的车辆，使用提钩摘管器进行摘管、提钩。

溜放进路控制：

半自动化驼峰对溜放进路的控制方式分为自动、半自动和手动作业三种。在进行车列解体时，根据情况选择其中一种作业方式。

1. 储存自动进路

将道岔手柄置于中间位置，按下自动按钮，确认自动表示灯点亮，根据计划钩序，正确储存进路命令。待进路储存完毕，按压进路检查按钮，逐钩检查储存进路，按计划钩序与有关人员核对。

调车作业中，使用自动储存进路，在溜放过程中，需将一钩分为两钩时，确认第一钩命令发出后，按下增加按钮，再按下第二钩进路按钮。需将两钩合并为一钩时，按下溜放取消按钮，将被合并的钩序进路取消。计划变更需重排进路时，按下清零按钮，清楚储存器中剩余的储存进路，根据计划按下所需股道按钮。

2. 储存半自动进路

将道岔手柄置于中间位置，按下半自动按钮，确认半自动表示灯点亮。按下第一钩序股道储存按钮，根据调车作业计划，正确储存进路命令。

调车作业中，使用半自动储存进路，根据计划钩序，确认前钩命令发出后，按下后一钩进路按钮，正确储存进路命令。

3. 储存手动进路

驼峰作业员根据驼峰调车长指示，将道岔手柄置于计划第一钩序进路所需位置。确认道岔手柄位置正确后，向驼峰调车长汇报。

调车作业中，办理手动进路时，根据计划钩序，确认前钩车已出清分歧道岔轨道电路后，逐钩操纵道岔手柄。

> **知识链接：提钩时机**
>
> 驼峰分解车列时，车组重心进入加速坡，即脱离车列向峰下溜去，车组开始脱离车列的地点叫脱钩点。车组未到脱钩点以前，车钩呈压缩状态，易于提开车钩；车组一旦超过脱钩点，车钩即呈伸张状态，不易提开。因

此，提钩必须在脱钩点以前适当时机进行。提钩过早，可能因车列振动而使钩销回落，或遇有紧急情况需要暂停时，对已提钩的车组不能控制，影响安全；提钩过晚，车组超过脱钩点，会造成车列由于提不开车钩需要回拉（俗称"钓鱼"），影响作业效率。所以，掌握提钩地点和时机，对保证驼峰作业安全和提高调车效率具有重要意义。脱钩与车组的大小和空重有关。一般的规律是：小组车在越峰 1/2 左右，大组车在越峰 1/3 左右脱钩。当大组车前重后空时，脱钩点将提前；反之则推后，提钩时机应在车组进入脱钩点之前。

4.3.4 制动作业

驼峰作业员根据车组走行情况及线路情况操作减速器制动。

知识链接：车辆减速器制动方法

减速器是机械化驼峰和自动化驼峰广泛使用的调速工具。人工操纵车辆减速器制动时，驼峰作业员要事先考虑车组的走行性能、排列顺序、共同溜行径路、停留车位置及气候条件等，初步确定出口速度和需要重点控制的车组；在溜放过程中要随时注意车组接近车辆减速器的速度和车组之间的间隔，并根据当时的实际情况，最后确定施行制动的方法，即选择制动等级、制动时机和制动轴数。主要方法有：

3.1 闯口制动。对溜行车组施行全部制动时，可在车组到达前使车辆减速器置于制动状况。

3.2 "让头拦尾"的制动方法。适用于对大车组制动。

3.3 轻级长夹和逐步升级制动的方法。对装载易碎、易窜货物的车辆，钳式减速器宜使用Ⅰ级长夹制动，或先用Ⅰ级制动，然后根据需要逐步升级，以减少制动对车辆的冲动。

3.4 "一夹一松"间歇性制动方法。为防止制动夹板因长时间制动而发热，降低制动效能，对中、大车组可分别对其前、中、后部轮轴进行间歇性制动，既可提高制动效能，又可减少制动夹板的磨耗。

3.5 两组减速器配合使用的方法。在同一制动位设有两组减速器时，既可同时使用两组减速器，采取"前制后补"和"重复制动"的方法；也可采取"前放后制"，防止后行车组尾追冲撞前行车组；还可以两组减速器"交替制动"，避免夹板过热降低制动效能。对溜放速度过高车组，可采取"前摸后定"的方法，即先使用第一组减速器制动，拉开前后车组之间距离后立刻缓解，再用第二组减速器制动，使车组溜行速度降至规定的出口速度，为目的制动创造条件。

（a）车辆减速器示意图

（b）车辆减速顶示意图

（c）停车器示意图

图 4-3

4.3.5　禁溜线送车

遇到禁溜车时，调车长根据调车作业计划和连结员的报告，掌握作业进度，及时关闭驼峰信号，停止推峰。机车车辆停妥后，开通禁溜线的道岔，确认开放信号，将车辆送入禁溜线，送车完了，开放信号，继续解散作业。

变更股道时，必须停车传达。驼峰解散车辆，变更钩数、辆数、股道时，可不通知司机，但变更为下峰作业或向禁溜线送车前，须通知司机。

知识链接：驼峰色灯信号机及其复示信号机

（1）一个绿色灯光——准许机车车辆按规定速度向驼峰推进。

（2）一个绿色闪光灯光——指示机车车辆加速向驼峰推进。

（3）一个黄色闪光灯光——指示机车车辆减速向驼峰推进。

（4）一个红色灯光——不准机车车辆越过该信号机或指示机车车辆停止作业。

（5）一个红色闪光灯光——指示机车车辆自驼峰退回。

（6）一个月白色灯光——指示机车到峰下。

（7）一个月白色闪光灯光——指示机车车辆去禁溜线或迂回线。

工作任务 4.4 下峰作业

任务描述

在连续解体几个车列以后，机车下峰连挂车组尽可能向尾部推送，以消除车组之间的"天窗"和各线路的"堵门车"，为驼峰继续溜放创造条件。调车过程中，由于制动或车辆等原因导致车辆溜放不到位，车组之间产生"天窗"，使线路利用率降低，为消除车组之间的"天窗"和各线路的堵门车的影响，需要对线路车辆进行整理，为下一批作业打好基础，故需下峰作业。

教学目标

1. 知识目标

能够掌握调车信号显示方法，理解试拉规定的原因和意义，理解显示停留车位置信号意义并掌握方法。

2. 技能目标

掌握检查车辆状态的技能，能正确使用无线调车灯显设备，能正确显示"十车、五车、三车"距离信号，能够正确掌握扒乘技巧。

3. 素质目标

进一步培养安全第一、严肃认真的工作作风和吃苦耐劳、无私奉献的敬业精神。

4.4.1 准备进路

驼峰值班员根据计划或作业需要，向有关人员布置下峰作业计划，按下手动按钮，正确排列手动进路。

驼峰调车长准备进路，并确认减速器已缓解，进路信号正确。

案例学习

×年×月×日，某站运转一车间丁班到达场一名货检员，自该站到达场北端接取散趟到达货物列车货票返回办公室途中，从停在该站XVI道的86922次货物列车 14、15 位车辆车钩处下部、钻车穿越股道时，被启动的列车碾压死亡，构成铁路交通一般 B1 类事故。

请思考上述事故发生的原因。

4.4.2 下峰作业

下峰作业前，连结员、制动员提前检查线路、车辆，当调车长确认停留车位置有困难时，应派人显示停留车位置信号，末端车辆距警冲标较近时，须做好防护。

调车长确认下峰信号，向司机显示起动信号，指挥机车下峰。

连结员在推送车列下峰时,在车列前瞭望,正确及时显示信号。

单机挂车时,调车长在接近车列时下车,向司机显示连结信号,指挥机车挂车。推进挂车时,车列前部应有人瞭望,正确及时显示"十车、五车、三车"距离信号。连续连挂时,可不停车连挂,要确认连挂状态,车组间距超过十车时,必须顿钩或试拉。末端车辆距警冲标较近时,须采取安全措施。将车列送到适当地点停车,调车长确认连结员好了信号后,向司机显示起动信号。

> **知识链接:摘管**
>
> 到达解体列车的摘管是按照调车作业计划(调车作业通知单)的要求,将车组分解处的软管摘开。
>
> (1)摘管程序。
>
> 按"一关前,二关后,三摘管,四提钩"顺序摘管,不能颠倒或遗漏。
>
> "一关前":关闭靠近机车方面的折角塞门,使其与主管垂直。
>
> "二关后":关闭另一端折角塞门(客车还有暖气管端阀)。
>
> "三摘管":摘开相邻车辆两软管前端的连结器。
>
> "四提钩":提开车钩。
>
> (2)摘管方法。
>
> ① 正手摘管:先关闭两主风管折角塞门,使其手把同软管垂直,而后将后腿伸入两轨中间并稍加曲膝,紧紧靠住两软管管接头,右手用力向上提拉靠近自身软管管接头,使软管头部扭转即可将软管摘开。它的优点是:易学、好用。缺点是:消耗体力大、磨衣服,初学和运用阶段,如不注意,易将手背、腿部或胸部划伤。
>
> ② 反手摘管:开始时与正手摘管一样,就是用左手握住靠近身体一边的软管,右手反握住另一软管头部向上稍微托起,软管的余风随即漏出,待余风漏出后再用力向上托,即可摘开软管。它的优点是:不磨衣服,又可避免打伤手、脸,但排风制动员必须有良好的技术。
>
> (3)摘管时应注意的问题。
>
> 首先要重视摘管工作,严格按调车作业计划的要求摘管,其次在摘管中容易发生挤伤手或打伤腿,对初学排风摘管的制动员应尤为注意,为防止工伤的发生,必须要按摘管的要领进行。如果摘解带风的软管,应在两软管头刚刚错开时,略停一下,待软管的余风排出一些后,再继续往上提,以防软管端部的连结器因受风压的冲力而打伤摘解软管人员的腿。

> **知识链接:结管**
>
> 结管是编组列车和取送调车作业中不可缺少的工作。
>
> (1)方法:应先确认车钩的钩锁销确已落槽(或先进行试拉,后再连结),而后一脚迈入道心,另一脚在轨外蹲下,以左手握紧左

方软管接头，随即将肘部弯曲，使手握的软管接头接近肩部，同时用右手将右方软管接头拿稳，同左手拿着的软管接头套合，二者先成 90°角，然后再用两手紧紧向下推压，并用软管本身的弹力，使两根软管头部密接。接好软管后，必须确认连接稳妥，方可打开折角塞门，以免通风后，软管跳动分开，甚至打伤作业人员。打开折角塞门时，应先打开机车方向的折角塞门，以便检验是否漏风，确认后，再打开另一端折角塞门。

（2）结管时应注意的问题：车辆在移动时，不准进入线路内抢结软管，一定要在停车后进行，并由调车长显示防护信号后，方可进入车内连结管。若是新入职人员碰上难连结的管，时间不能过长，要及时与调车长联系，另作处理。

连结软管时，两脚不能同时迈入道心，蹲在里面，要按规定进行，即两脚一前一后，万一车辆移动，就可以马上将前脚退出钢轨外面，不会发生危险。

连结软管之前，一定要看两个连结器内有没有胶皮圈，都有的可以结管；都没有则不能结管；只有一个胶皮圈，要把它取出来反扣。软管连结好后，将来风方向的一端的折角塞门慢慢打开，试验一下刚接好的软管是否漏风，若漏风，就会造成自动抱闸，必须重新再连结。

结管前应检查车钩是否连挂良好，确认钩销入槽后，再进行连结。

4.4.3 返峰作业

作业完了，驼峰调车长准备进路，开放信号，指示司机返峰。在确认机车车辆越过驼峰信号机后，关闭驼峰后退信号。

> **知识拓展：驼峰调车**
>
> 驼峰是指峰前到达场（在不设峰前到达场时为牵出线）与调车场之间的一部分线路，它由推送部分、峰顶平台和溜放部分组成。
>
>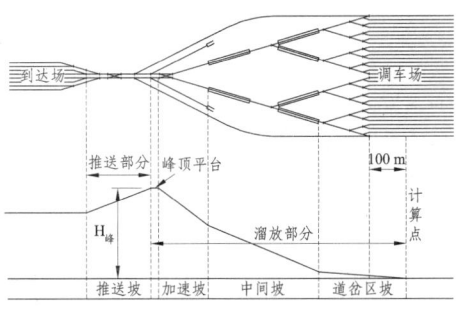
>
> 推送部分指自峰顶往到达场或牵出线方向一个列车长度的线路范围，其中到达场出口咽喉的最外方道岔至峰顶平台间的线段称为推送线。设置这一部分的目的在于使车辆得到必要的驼峰高度，并使车钩处于压缩状态，便于

> 提钩。
>
> 　　溜放部分是峰顶至调车场头部各条线路警冲标后 100 米处的线路范围，其中峰顶平台至调车场第一分歧道岔间的线段称为溜放线。溜放部分的长度称为驼峰计算长度，其末端称为驼峰计算点，计算点与峰顶的水平高差称为驼峰高度。因为各调车线的警冲标不在同一条横向线的位置上，所以每一调车线各有一个计算点。
>
> 　　驼峰的推送部分与溜放部分的连接处，设有一段平台，称为峰顶平台，用以缓和两个不同坡段的连接，防止车钩折损。

【课后作业】

1. 编制一张半自动化驼峰解体作业调车作业通知单。
2. 为什么要试拉？哪些情况需要试拉？
3. 摘接软管的正确步骤是什么？具体方法有哪些？
4. 为什么要进行预推作业？
5. 驼峰信号机信号显示有哪些？分别代表什么意义？
6. 如何做到正确提钩？
7. 双推单溜和双推双溜的优缺点分别是什么？
8. 车辆减速器的制动方法是什么？

项目 5　简易驼峰作业

🚄【项目导学】

简易驼峰多数是在牵出线和梯形车场的基础上，抬高牵出线、平地起峰或局部改造编组场咽喉后修建起来的。简易驼峰一般未设车辆减速器，制动工具主要是铁鞋，道岔一般采用集中联锁或人工就地操作。

铁路调车简易驼峰作业程序如图 5-1 所示。

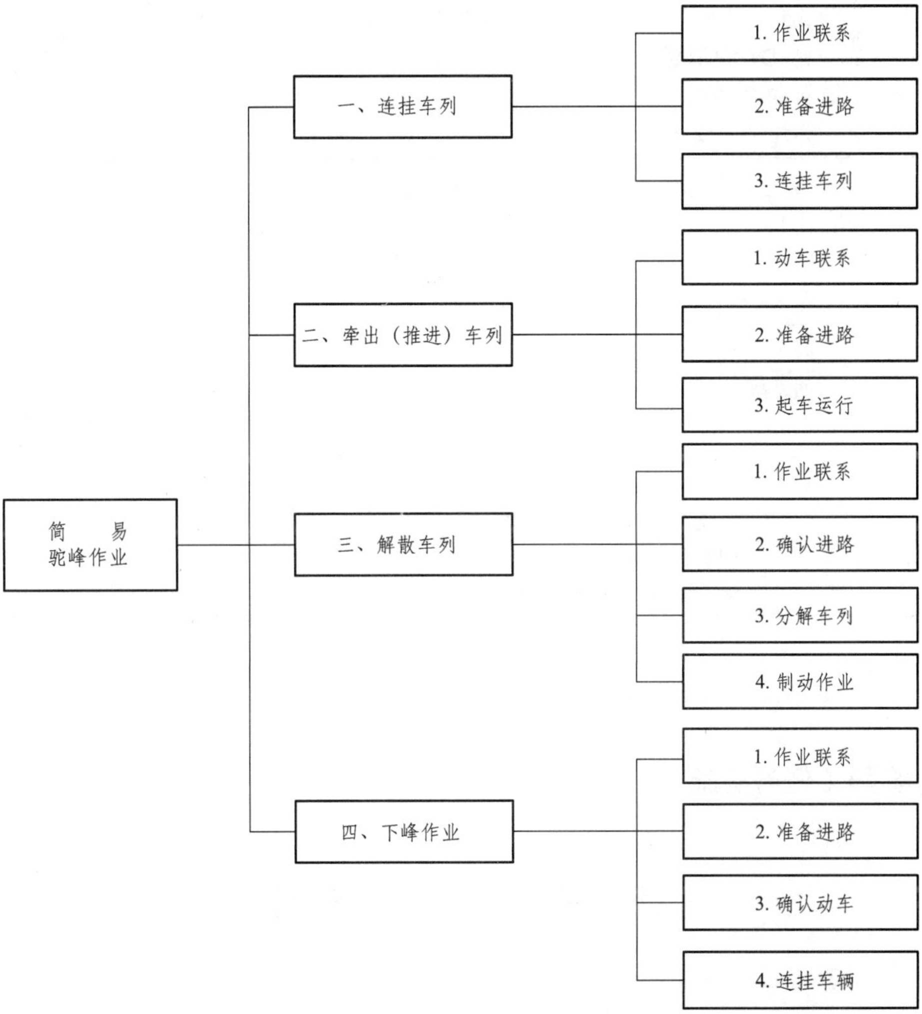

```
                          ┌─ 一、连挂车列 ──┬─ 1. 作业联系
                          │                ├─ 2. 准备进路
                          │                └─ 3. 连挂车列
                          │
                          ├─ 二、牵出（推进）车列 ─┬─ 1. 动车联系
                          │                        ├─ 2. 准备进路
简易驼峰作业 ─────────────┤                        └─ 3. 起车运行
                          │
                          ├─ 三、解散车列 ──┬─ 1. 作业联系
                          │                 ├─ 2. 确认进路
                          │                 ├─ 3. 分解车列
                          │                 └─ 4. 制动作业
                          │
                          └─ 四、下峰作业 ──┬─ 1. 作业联系
                                            ├─ 2. 准备进路
                                            ├─ 3. 确认动车
                                            └─ 4. 连挂车辆
```

图 5-1　铁路调车简易驼峰作业程序

【任务引入】

已知：乙站为区段站，设有简易驼峰，到发线3道停有待解车列一列，根据《调标》《技规》《站细》的有关规定，按计划利用简易驼峰对待解车列分解。

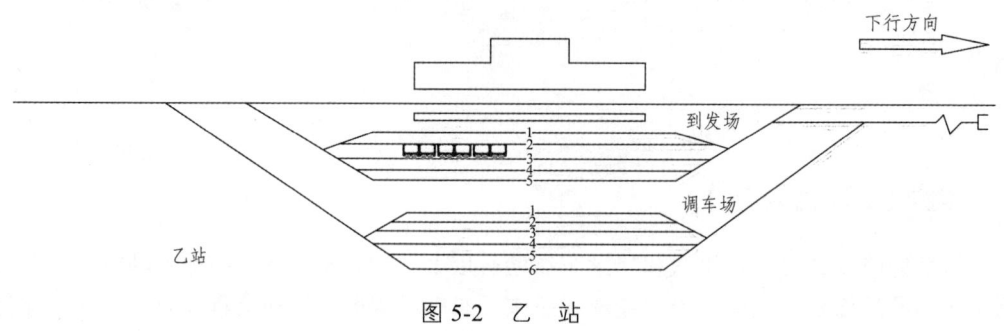

图 5-2 乙 站

表 5-1 调车作业通知单　第 1 号

机车型号：DF5B
12月9日第一班 D1 调车组
作业内容：简易驼峰作业
自××点××分起至××点××分止

顺 序	场 别	股 道	摘（-）或挂（+）	车数	作业方法、开口车种车号特殊限制、注意事项
1	到达场	3	+	35	$C_{62}1643271$
2	调车场	1	-	10	$C_{62}3367258$
3	调车场	2	-	10	$C_{62}5676432$
4	调车场	3	-	5	$C_{62}4215642$
5	调车场	4	-	10	$C_{62}3126701$
	注意事项：检查线路、车辆；注意人身安全、控好速度				
	调车领导人：××				
	编制时间：×年×月×日×点××分				

? 请思考：完成该调车作业计划应如何做？

【任务实施】

工作任务 5.1　连挂车列

任务描述

调车机车根据调车作业通知单联系转场到到达场连挂车列。

教学目标

1. 知识目标

掌握铁鞋使用方法，掌握制动软管摘接方法，掌握和司机联系作业方法。

2. 技能目标

能够正确使用铁鞋对停留车辆实施防溜以及检查防溜，能够掌握非集中联锁区准备进路方法，能够掌握试拉流程。

3. 素质目标

熟知连挂作业中存在的安全风险点，树立遵章守纪、认真严谨的工作作风，培养学生良好的团队合作意识。

5.1.1 作业联系

调车长根据计划要求，向制动长了解作业准备情况，通知司机开始作业，显示启动信号，指挥司机动车。

知识链接：正确及时地显示信号，指挥调车机车的行动

调车作业中，调车组、机车乘务组、扳道组、信号员等有关调车人员之间的联系和要求，是依靠信号来传递的。调车长显示的信号，是对参加调车作业的人员发出的命令，是安全迅速地进行调车作业的先决条件，是调车机乘务人员及其他调车人员行动的依据，所以，调车长显示手信号必须正确及时。"正确"是指信号显示方式要标准，做到横平竖直、灯正圈圆、角度准确、段落清晰；使用无线电调车时，应做到按规定频率，显示标准的无线调车灯显信号。"及时"是指根据不同的距离、速度、作业方法，及时显示信号，不错过时机。

案例学习

×年×月×日×时×分，某站调车作业，当作业至第 3 钩单机 8 道+15，机车接近连挂移动过程中，调车长站在机车脚踏板上脚蹬机车车钩调整钩位，被钩头挤伤右脚面，构成铁路交通一般 B2 类职工重伤事故。

请思考上述事故发生的原因。

5.1.2 准备进路

扳道员（长）或信号员按规定准备进路，确认进路开通正确。现场扳动的道岔，扳道员（长）显示道岔开通信号，立岗监视机车车辆走行。

> **知识链接：非集中联锁进路准备和要道还道制度**
>
> 在非集中联锁或集中联锁故障的进路上调车作业时，扳道员应根据调车作业通知单及调车指挥人的信号要求，正确及时地扳动道岔、显示信号，严格执行"一看、二扳、三确认、四显示"制度及要道还道制度，以确保调车进路的正确。"一看"包括看道岔的开通位置，看进路有无障碍，看邻线有无机车车辆越过警冲标。"二扳"指将道岔扳至所需位置。"三确认"包括确认道岔开通位置正确，确认尖轨与基本轨密贴，确认机车车辆未越出警冲标，确认进路无障碍。"四显示"指向有关人员显示进路开通信号。
>
> 参加调车作业的有关人员之间，联系准备和确认调车进路所使用的一种规定联络方式，称为要道还道。在非集中联锁的进路调车作业时，为保证调车进路的正确，防止调车作业中挤岔或进入异线等事故发生，调车有关人员要认真执行要道还道制度。
>
> 一条进路，往往要经过好几组道岔，经过几个扳道员的作业才能完成，如果联系上稍有脱节或误认要道信号，就有影响作业或错误准备进路的可能。为防止这种情况出现，车站对人工操纵的道岔可采用互相监督、人工联锁、区域联防、互相检查制，把分散的道岔，联成一个整体，以保证进路准备的正确。要道还道起人工联锁、互相检查的作用，其方法是：要道由近而远，还道由远而近。
>
> 使用书面调车计划时，要道还道制度，只起联系作用，扳道人员应按调车作业计划准备进路。要道还道时，应统一为"进×道要×道""出×道要×道"。在连续溜放和驼峰解散车辆时，只要求对溜放及解散车组的第一钩实行要道还道制度，自第二钩起，扳道员即可根据调车作业通知单的要求扳动道岔。
>
> 要道还道制度，分为两种情况：一种是以调车长、司机为一方，以扳道人员为另一方，确认进路准备是否妥当、正确；另一种是当调车进路上配有两名以上扳道员时，在互相检查、确认调车进路是否正确的同时，也要执行要道还道制度。由于各站线路配置不同，扳道员之间要道还道的具体办法，应在《站细》内规定。
>
> 当一条调车进路上既有集中联锁的道岔，又有非集中联锁的道岔时，进路准备的方法也应在《站细》内规定。

5.1.3　连挂车列

调车长在接近车列时下车，确认排风完了，显示连结信号，指挥机车连挂，在推进运行前，要进行试拉。

知识链接：排风

排风，即是缓缓打开折角塞门，放出主风管的风，排净副风缸里的风，使车辆彻底缓解。这是解体作业前最重要的工序之一。其目的是防止溜放作业中，副风缸内的余风压力大于主管内余风压力时，引起的车辆自动抱闸或缓解不良。这是消灭和减少调车作业中车辆冲突或尾追的关键问题。故排风不彻底时，不仅影响效率，还会影响安全。排风是指放风和拉风两个作业过程。

放风：是在车辆解体前，开放车列一端的折角塞门，将全车列由于机车总风缸的充风作用而在各车辆制动主管内储存的压缩空气放出一定的压力后关闭（一般约留 100 kPa 的余风）。

拉风：是将副风缸内的余风通过人力拉动缓解阀将其排尽。

知识链接：排风方法

（1）放风：待解车列完成到达技术检查后进行，由排风制动员，在车列一端，一手拿起软管，一手缓缓扳动折角塞门，将车列主管的风放出一部分后，立即将折角塞门关闭，连续开放几次，待软管驳力不大时为止（即软管内排出的风声将停止时，主管内预留约 100 kPa）。

需要注意的是：一是不要把车列主管内的风全部放净，应使主管内的风压保持 100 kPa 左右。操作方法是徐徐打开折角塞门，待主管放出一部分风压后，关闭折角塞门，这样连续几次即可。在扳动折角塞门时，如果一次扳得过猛，使主管风压剧烈放出，就会使车辆紧急制动，可能造成制动机零部件损坏或缓解不良。

（2）拉风：就是在放风后，逐车拉动车辆副风缸上的缓解阀，排出副风缸里的余风。当副风缸内的余风压力小于列车主管内的压力时，主管内风压推动三通阀的活塞，并同时带动滑阀右移，使制动缸里的风压由三通阀排风口排出，而使车辆的制动机得到缓解。

① 石子拉风：即利用调车场内的石碴（或利用排风三角木），直接夹于缓解阀拉风杆的手把外面，以代替人力，达到不间断排风的目的。需要注意的是，先用力拉动拉风杆，待副风缸内的余风开始排出时，方可将石子夹上，石子已起到排风作用时，拉风人员方可离开该车。这种放风方法的优点是拉风速度快、效率较高。缺点是增加了取石子的作业过程，石子不实不紧，车辆则不能及时缓解。这种拉风方法适用于人员紧缺，作业时间受到限制时。这是目前现场广泛运用和调车人员习惯运用的一种方法。

② 循环拉风：即由一人绕待解车列往返进行拉风。去时拉拉风杆及关闭这一侧的折角塞门，回时复检未完全缓解的车辆和把去路上无拉风杆而没有进行拉风的车辆进行检查拉风，同时再关闭这一侧的折角塞门和摘解

软管。这种拉风方法的优点是制动员遇到一侧无法拉风的车辆时，不必钻车底到另一侧找拉风杆，消灭了往返钻车的行为。缺点是凡解体一列车，一名制动员就必须绕车列往返一次。适用于作业时间不受限制的情况。

③ 跟踪拉风：对急需车辆，列检技检完了，拉风人员就随之进行"先检先拉"的拉风方法。这种方法一般适用于快速中转车辆及紧急排送车辆的作业。采用此法应注意：必须与列车技术检查人员密切联系，不能影响列检人员的作业，特别是在放主管的余风时，切勿过猛过急。制动员拉风后，应及时进行复查，发现拉风不缓解的车辆，应及时处理。

知识拓展：拉风不缓解的原因及处理方法

在实际工作中，拉风不缓解现象的常见原因有两种。第一种原因是主管风压全部放净，此时拉动缓解阀只能放副风缸的风，列车主管因失去风压，无力使三通阀活塞向右移动，三通阀的滑阀也就始终挡住制动缸通向三通阀的排风口的通路，而不能排出制动缸的余风，故出现拉风不缓解的现象。处理的方法是将缓解阀的拉杆拉开后卡上石子，然后关闭该车一端的折角塞门，向另一端软管吹气，促使三通阀活塞稍稍向右移动，这样就构成制动缸与三通阀排风口的通路，使制动缸的余风由三通阀排风口排出。这时，制动缸的活塞靠自身弹簧的力量回缩，使车辆制动机缓解。第二种原因是拉风不排风，即拉风制动员虽拉动缓解阀，但听不到缓解阀排风口有排风的声音，这是由于缓解阀故障。处理的方法为应先用铁丝等物穿通缓解阀排风口；若仍不排风，可拆卸缓解阀或拧开副风缸下面的螺丝实现放风缓解。

工作任务 5.2　牵出车列

任务描述

在确认人员到位，按计划查对车数，核对提钩处制动软管摘开、无抱闸车及牵出车列最后一辆车号正确后，显示起动信号，指挥司机动车。

教学目标

1. 知识目标

能够正确及时地显示调车信号，了解简易驼峰作业特点，熟练掌握简易驼峰牵出作业流程。

2. 技能目标

能够提前到达挂车地点，按规定摘管提钩，核对取车末端车号；能够使用无线调车灯显设备向司机显示信号；能够根据计划或要道信号，按规定准备进路，确认进路开通正确。

3. 素质目标

掌握牵出作业中安全风险点，培养认真严肃、安全第一的工作作风。

5.2.1 动车联系

制动员提前到达挂车地点，按规定摘管、提钩，核对取车末端车号。推进运行时，在试拉后，向调车长显示起动信号。

调车长确认制动员显示起动信号后，向司机显示起动信号。

> **知识链接：安全风险点**
>
> （1）绝对禁止在车辆走行中进入钩档、道心里提钩锁销或调整钩位。
>
> （2）调整钩位、处理钩锁销时，必须等列车、车列停妥，并得到调车长回示。昼间由调车长防护，夜间必须向调车长显示停车信号（发出停车指令）。
>
> （3）在接近停留车时，应将速度降低到 5 km/h 及其以下。在连挂车辆前，应了解停车位置，注意车钩状态，如遇钩位不正或钩销不良时，必须停车调整后，再行连挂。调整钩位时，不准探身到两车钩之间。对平车、低边车、罐车、客车及特殊用途等车辆，更应特别注意端板支架、缓冲器、风挡及货物装载状态。
>
> （4）带风作业时，必须执行"一关前、二关后、三摘管、四提钩"的作业程序。
>
> （5）溜放调车作业时，提钩人员应站在车梯上进行提钩工作。不准跟着车一边跑，一边提钩（驼峰作业除外）。严禁在车辆行进中抢越线路到外侧进行提钩作业。

5.2.2 准备进路

扳道员（长）或信号员按规定准备进路，确认进路开通正确。非集中区，扳道员（长）显示股道号码及道岔开通信号，立岗监视机车车辆走行。

扳道员必须在确认所要进路准备妥当后，方可先显示股道号码信号（有股道号码表示器装置除外），再显示道岔开通信号。

无扳道员管理的道岔，由调车人员负责扳道和要道还道，允许使用无线调车灯显设备要道还道，具体办法应在《站细》内明确。

> **知识链接：非集中联锁或集中联锁故障的进路上调车作业**
>
> 在非集中联锁或集中联锁故障的进路上进行调车作业时，扳道员应根据调车作业通知单及调车指挥人员的信号要求，正确及时地扳动道岔、显示信号，严格执行"一看、二扳、三确认、四显示"制度及要道还道制度，

以确保调车进路的正确。"一看"包括看道岔的开通位置、看进路有无障碍、看邻线有无机车车辆越过警冲标。"二扳"指将道岔扳至所需位置。"三确认"包括确认道岔开通位置正确、确认尖轨与基本轨密贴、确认机车车辆未越出警冲标、确认进路无障碍。"四显示"指向有关人员显示进路开通信号。

5.2.3 起车运行

制动员确认车列起动无误,向调车长显示好了信号。

调车长确认制动员的好了信号后,在注意调车人员上车及安全等情况后,向司机显示好了信号。

连结员在车列牵出时,按计划查对车数,核对提钩处软管摘开、无抱闸车及牵出车列最后一辆车号正确。调车长根据作业计划确认车列停车所需位置,指示司机停车。遇特殊情况,连结员不能确认牵出车列最后一辆车号时,由调车长负责确认。

案例学习

某站运转丙班1调接后夜班,调车长甲按照作业规定,组织调车作业相关人员逐项进行灯显试机良好后,3时30分站调乙下达A007号调车作业通知单,共12钩,向调车长传达计划,并提出安全注意事项,调车长在列队传达计划时,重点对冬季冰雪天气须停车上下、注意劳动人身安全等问题进行了重点强调,值班主任跟车盯控作业,当一切就绪后,于3时42分动轮,作业至第5钩13道挂12辆:×线摘2辆,在13道牵出时,头钩连结员扒乘在车列尾部第二辆的侧面车梯上,二钩连结员张某扒乘在车列尾部第一辆的作业面端部车体上。头钩连结员跟车从13道牵出至×线西端下车,对×线停留车进行开锁备车,二钩连结员张某负责×线摘2辆推送领车。在向×线推送的过程中二钩连结员,显示完"十车"信号后,在停留车位置的头钩连结员发现二钩连结员张某从车列前端车梯跌下,立即显示紧急停车信号,在紧急停车键使用2次无效后,即大声呼喊调车长"停车",调车长听到头钩连结员呼喊后立即呼叫司机紧急停车,车列运行约54 m(调监显示)后停车。三人立即赶到事发地点,发现张某头朝西侧躺在×线股道内,昏迷不醒,此时调车长立即报告值班员,简要说明情况,并将其移至线路外,指挥调车机将车列推入信号机内方,将张某抬到机车上转线送至1道信号楼门前。站长在接到值班员报告后立即拨打120急救电话,送至医院,经医院诊断为"严重多发伤,心跳呼吸骤停"。

请思考上述事故发生的原因。

工作任务 5.3　解散车列

任务描述

驼峰机车推送车列经过峰顶，作业人员根据线路中停留车位置、气候条件、车组大小、空重车及车辆走行状态、难易行线、间隔距离等情况，使被摘解的车组脱钩后，依靠车组本身的重力溜向调车场内指定的线路的作业流程。

教学目标

1. 知识目标

熟知铁鞋制动的方法，掌握调整推峰速度的方法，了解"选闸""试闸"的方法。

2. 技能目标

能够根据车辆及线路情况，正确调整推峰速度，能够及时、正确提钩，能够按照简易驼峰作业流程进行调车灯显模拟。

3. 素质目标

培养作业安全及人身安全的意识，培养处理行车作业突发事件的能力。

5.3.1　作业联系

调车长通知各作业地点解体车次、股道、防溜措施及重点注意事项，听取制动长准备好了的报告。

制动长确认制动员上岗后，向调车长报告准备好了。使用人力制动机制动时，制动长（员）在试闸良好后，向调车长或连结员显示好了信号。

连结员核对车组无误，确认制动员试闸好了信号后，向调车长报告或显示好了信号。

知识链接：简易驼峰作业特点

（1）车辆溜行动力：主要依靠车辆自身的重力，机车的推送力只起辅助作用。

（2）提钩地点：提钩地点基本上固定在压钩坡至峰顶这一区域。

（3）溜放速度：调车长只在接近峰顶的较小范围内调节推峰速度，车辆溜行主要依靠本身重力。车辆走行性能对其溜放速度和距离影响很大。

（4）车组间隔调节：主要依靠机车变速推峰以及前后车组在峰顶脱钩时形成的间隔来保证。

5.3.2　确认进路

扳道员（长）按计划正确及时准备进路，除集中联锁设备外，第一钩执行要道还道制度，显示股道号码及道岔开通信号。驼峰作业员使用驼峰集中设备时，提前储存进路，复检正确，开放允许推峰信号。

调车长在非集中区确认扳道员（长）第一钩道岔开通信号，在集中区确认允许推峰信号开放后，开放驼峰信号。

> **知识链接：集中联锁进路的准备**
>
> 在电气集中的车站，信号员或作业员应按照调车作业通知单的要求或值班员的命令，正确、及时地按下有关按钮，操纵道岔的转动。进路排好后，调车信号（月白灯光）自动开放。操纵信号时，要眼看、手指、口呼，并做到"一看、二排、三确认、四呼唤"，严禁他人操纵。

5.3.3 分解车列

调车长根据停留车、气候条件、车组大小、空重、车辆走行状态、难行线等情况，掌握推峰速度，保证溜放车组速度均匀，间隔适当。

连结员按计划查对车数，大组核对车号，随时确认驼峰信号机或调车长手信号的显示状态。根据车组大小、车组走行性能、气候条件、难易行线、间隔距离、禁溜车等情况，正确提钩。发现异常情况，及时报告或采取停车措施。遇有漏摘软管或没有提钩链的车辆，使用提钩摘管器进行摘管、提钩。

非集中区，扳道员（长）按计划正确及时扳道，立岗监视溜放车组走行。扳道员（长）在扳道时应做到：溜放车组间隔不足规定距离不扳；未过联动道岔不扳；有压标车或有侧面冲突的可能时不扳。

1. 影响简易推峰推峰速度的因素

推峰速度大小直接影响简易驼峰作业安全和效率。推峰速度过高，道岔来不及转换，导致车组进错股道，造成尾追事故。如果推峰速度过低，不仅延缓车列解体时间，还会使车组在道岔区停车，或入线后堵门，造成作业中断，降低作业效率。

影响推峰速度的主要因素有：

（1）车辆走行性能：按车辆走行性能的不同，车辆分为易行车和难行车。

（2）溜入线路阻力：根据线路阻力的大小，调车线分为易行线和难行线。

（3）停留车位置：从峰顶到车组预定停车地点的距离愈长，需要的推峰速度愈大。

（4）车组大小：根据车组的大小，可分为大、中、小车组。7辆以上为大车组，4~6辆为中车组，1~3辆为小车组。小车组溜行快，大车组溜行慢。

（5）气温、风向和风力：冬天低温轴油凝固或逆风时，车辆走行阻力会显著增强；反之，夏天顺风时阻力小，甚至起加速作用。

此外，车组在车列中的排列顺序，相邻车组共同溜行的距离，峰下制动员的作业条件及技术水平，都对推峰速度有一定影响。

2. 驼峰溜放车组的间隔

驼峰上溜放车辆是连续进行的，在溜放过程中前行车组与后行车组之间应保持一定的间隔，以便转换分路道岔。前行车组的后钩与后行车组的前钩之间的距离，称为溜放"钩距"。显然，缩小溜放钩距可以提高驼峰的解体效率。但钩距过小将造成分路道岔来不及转换，致使后一钩车溜入前一钩车的股道，出现"追钩"现象，造成"中途连挂"。

在驼峰平纵断面一定，车组大小相同的条件下，溜放间隔主要取决于车组走行性能和共同溜行的距离。

当前后车组的走行性能相同时，当后组车尚未溜出时，前组车已进入加速坡而加速，车组间的间隔距离越来越大。当前组车进入道岔区时，速度逐渐降低。可是此时后组车却在较陡的坡段上溜行，两个车组的溜行速度渐趋接近。前后车组的速度相同的一瞬间，车组间的间隔距离最大。此后，它们的间隔距离逐渐缩短。

这是走行性能相同的前后车组在溜行过程中时间和距离变化的规律。当前后车组的走行性能不同时，由于受到的基本阻力、空气阻力与风阻力的不同，在相同的坡段上溜行速度也不一样。因此，溜放间隔有一个更加复杂的变化。

控制驼峰车组的间隔主要靠驼峰速度、提钩时机、车辆制动来实现。

5.3.4 制动作业

设有减速器的驼峰，驼峰作业员根据车组、空重、停留车位置、气候条件等情况，监视车组走行，正确调速，保证溜放车组间隔距离。在作业中按规律掌握好出口速度，做到不追尾、不途停、不堵门。发现车辆中途停、堵门、设备故障等情况，及时报告驼峰调车长或采取措施，果断处理。

使用铁鞋制动时，铁鞋制动员根据计划钩序、辆数、空重、难易行线、停留车位置、车辆运行、气候条件，采用相应的下鞋方法。作业前选择适宜地点，准备数量足够的良好铁鞋，遇天气不良或钢轨有油渍、盐、碱、冰、雪、霜等情况时，撒好沙子，正确观速观距，准备安放铁鞋，做到安全连挂或车组间天窗不大于 4 m。一批作业完了，及时撤出铁鞋并归位、摆齐。

制动长（员）或调车长在发现有压鞋情况时，按《站细》规定处理，应根据作业进度或在一批作业完成后及时安排取出。

使用人力制动机制动时，制动员应抓牢站稳，按规定使用安全带，进行试闸。试好闸后，向连结员显示试闸良好信号。在作业中正确观速观距、观前顾后、均衡调速、稳妥连挂。制动完了，松开制动机。

1. 铁鞋制动原理及影响铁鞋滑行距离的因素

1）铁鞋制动原理

铁鞋制动与人力制动机比较，减轻了制动员的劳动强度，提高了作业效率，保证了作业及人身安全。

铁鞋制动是使用铁鞋叉，将铁鞋放在溜行车组前进方向的钢轨上，向前滚动的车轮压上铁鞋后，轮轨之间由滚动摩擦变为滑动摩擦，从而增大摩擦力，使溜行车组尽快减速或停车，从而达到制动的目的。

2）影响铁鞋滑行距离的因素

车轮压上铁鞋后，铁鞋沿轨面滑行的距离，叫滑行距离，也叫铁鞋制动距离。影响铁鞋滑行距离的主要因素有：

（1）溜行车组压上铁鞋时的速度：速度越大，滑行距离越长。

（2）铁鞋底部与轨面的摩擦力：摩擦力越大，滑距越短。

（3）溜行车组被制动的轴重：轴重越大（车自重、载重大），滑行越短。

（4）溜行车组被制动的轴数：轴数越多（安放的辅助鞋多），滑距越短。

（5）车辆阻力及空气阻力：阻力越大，滑距越短。

（6）曲线、坡道阻力：曲线及上坡阻力大，直线阻力小，下坡道有加速力，会延长滑距。

2. 脱鞋器的使用

脱鞋器又称铁轨脱鞋器、脱鞋道岔，由基本轨、护轨、翼轨、心轨组成。

我国铁路调车使用的脱鞋器是半辙叉式双边制动铁鞋脱鞋器，一般位于调车场头部警冲标内侧，作为铁鞋间隔制动时自动脱鞋使用。

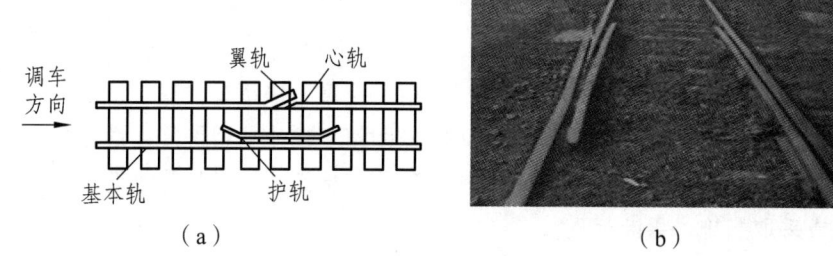

图 5-3　脱鞋器示意图

工作任务 5.4　下峰作业

任务描述

调车过程中由于制动或车辆等原因，会导致车辆溜放不到位，车组之间产生"天窗"，使线路利用率降低。为消除车组之间的"天窗"和各线路的堵门车的影响，需要对线路车辆进行整理，也称为"站整"。

教学目标

1. 知识目标

掌握越区、转场作业项点的技能，掌握连续连挂作业项点的技能，掌握调车作业手信号显示方式。

2. 技能目标

掌握检查线路、停留车辆，调整钩位的技能，能正确显示"十车、五车、三车"距离信号。

3. 素质目标

掌握下峰作业安全风险点，培养现场作业时注重人身安全和行车安全的意识，提高团结合作和应急处置的能力。

5.4.1 作业联系

调车长应根据计划要求,与有关人员联系调车机车下峰作业,需越区作业时,同时通知联系越区。

> **知识链接:越区、转场**
>
> 越区作业,是指调车机车由本调车区到其他调车区进行的取送车辆作业。转场作业,是指由调车场去到发场或去另一调车场的转线作业。越区或转场调车,不仅要经过许多线路和道岔,有的还需跨越正线,因而涉及各调车区和车场之间作业的安排。如果没有做好联系和防护,不但会影响调车效率,而且会危及行车安全。因此,要求调车机车在越区或转场作业时,两区(场)调车领导人之间必须事先做好联系,制订调车作业书面计划,下达给参加调车作业的有关人员,并做好防护。没有做好联系和防护,不准放行越区车或转场车。
>
> 越区、转场作业要做好以下工作:
>
> (1)越区、转场作业前,调车领导人先将越区(转场)的时间、地点、辆数及有关事项,与进入区、场的调车领导人联系,取得同意后,再向本区有关人员布置。
>
> (2)越出、进入或经由场、区的扳道人员,应按本区、场调车领导人的布置,停止相抵触的作业,确认线路空闲,并准备进路。
>
> (3)越出区的信号员、扳道员,在接到进入区进路准备妥当或同意转场的通知后,方可通知本区调车指挥人指挥越区(转场)作业。
>
> (4)划分区(场)的车站,不论有无固定信号设备,均应制定越区(转场)的联系办法,纳入《站细》。作业时,必须按照《站细》中的有关规定办理。

5.4.2 准备进路

扳道员(长)按规定准备进路,确认进路开通正确。得到调车人员或司机的要道信号后,显示股道号码及道岔开通信号,立岗监视机车车辆走行。

5.4.3 确认动车

调车长确认道岔开通信号或调车信号开放(单机或牵引除外),应位于易于瞭望前方,又能使司机看见所显示信号的位置向司机显示起动信号。

> **知识链接：安全风险点**
>
> 未按规定检查、确认无联锁道岔；违反一度停车的规定；调车作业未确认信号是否正确，盲目动车；途经道口作业没有及时通知道口防护人员；未按规定接通制动软管，造成车辆失速。

5.4.4 连挂车辆

制动员应及时检查线路、车辆停留、货物装载、调整好钩位。

调车长在推送车辆时要先组织试拉，车列前部应有人进行瞭望，应位于易于瞭望前方，又能使司机看见所显示信号的位置及时显示信号。确认停留车位置困难时，派人显示停留车位置信号。连挂车辆时应正确及时显示十、五、三车距离信号（单机除外），并听取司机鸣笛回示，没有回示立即显示停车信号。

连结员在连续连挂时，可不停车连挂，要确认连挂状态，车组间距超过10车时，应顿钩或试拉，末端车辆距警冲标较近时，须采取安全措施。在推进或牵出车辆前，应按规定确认车列挂妥。

> **知识链接：禁止通过驼峰车辆的限制**
>
> 机车（调车机车除外）、铁路救援起重机、客车、动车组、大型养路机械、凹型车、落下孔车、钳夹车及其他涂有禁止上驼峰标记的车辆禁止通过驼峰。装载活鱼（包括鱼苗）、跨装货物的车辆（跨及两平车的汽车除外）等，是否可以通过驼峰，由车站会同车辆段等有关单位做出具体规定，并纳入《站细》。
>
> 如因迂回线故障等原因，机械冷藏车必须通过设有车辆减速器（顶）的驼峰时，以不超过 7 km/h 的速度推送过峰。不得附挂机械冷藏车溜放其他车辆（推峰除外）。

> **知识拓展：特种货物车辆调车作业计划标记符号表**
>
> | 名称 | 符号 | 说明 | 名称 | 符号 | 说明 |
> | --- | --- | --- | --- | --- | --- |
> | 易腐货物 | △K | | 特种物资 | △A | 公安押运的特种物资 |
> | 有毒物品 | 毒 | | 易燃易爆货物 | △1~△8 | |
> | 放射性物品 | 放射 | | 特种运输设备 | △W | 精密仪器、尖端保密产品 |
> | 140产品 | 140 | | | | |
>
> 调动注有"△W"的车辆时应：
>
> （1）值班站长（值班主任）监督作业，严禁违章。
>
> （2）编组和编挂标注有"△W"的车辆时，机车与编挂的车辆全列接风。

> 机车或者机车带其他车辆接近、连挂标有△W 的车辆或者机车带有△W 车辆与其他车辆连挂时，必须在被连挂车辆的前 10 车处停车，再按"十车、五车、三车"制进行连挂作业。
>
> 其他车辆在送入标有△W 车辆停留的站线，必须留有 10 m 以上的安全距离。

【课后作业】

1. 试绘制简易驼峰作业流程图。
2. 禁止通过驼峰车辆的限制有哪些？
3. 简易驼峰作业有哪些特点？
4. 非集中联锁进路准备和要道还道制度是如何规定的？
5. 拉风不缓解的原因及处理方法是什么？
6. 铁鞋制动原理及影响铁鞋滑行距离的因素有哪些？
7. 影响简易推峰推峰速度的因素有哪些？
8. 什么是越区、转场？他们分别有什么规定？

项目 6　平面牵出线作业

🚆【项目导学】

平面牵出线调车是我国铁路调车中最常见的调车作业方式，在全路调车作业中占有相当大的比重。牵出线分为平面牵出线和坡度牵出线两种。平面牵出线的牵出线部分和道岔区均为平道，调车作业主要借助调车机车的推力；坡度牵出线的牵出线和道岔区均有不同坡度，调车作业的动力以机车推力为主，以车组的重力为辅。

铁路调车平面牵出线作业程序如图 6-1 所示。

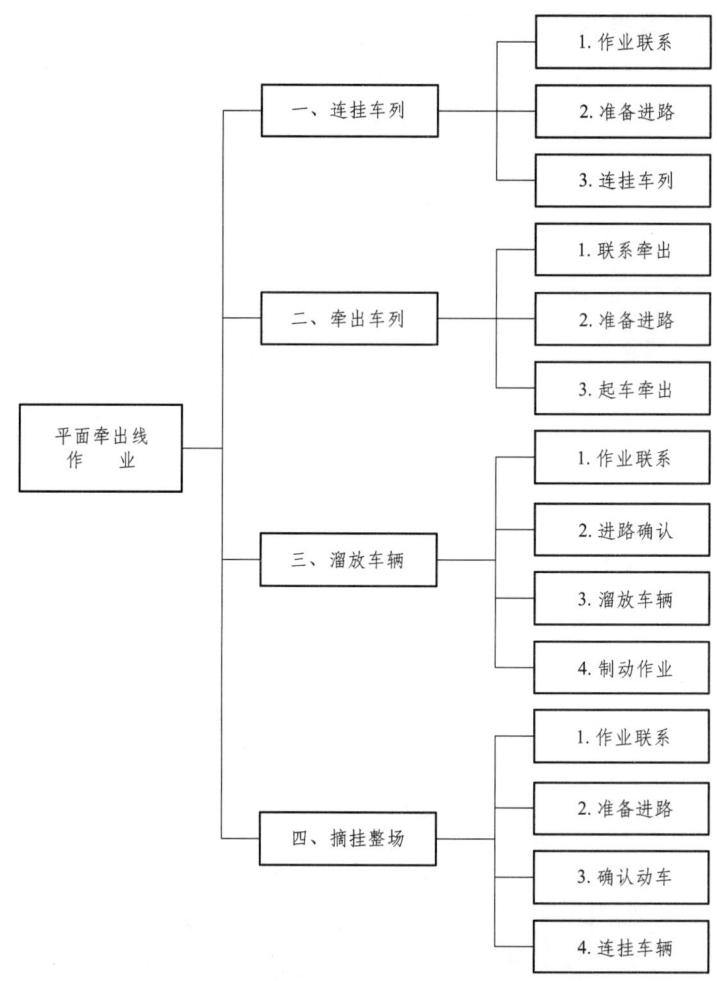

图 6-1　铁路调车平面牵出线作业程序

【任务引入】

已知：调车作业计划：8 道挂 2 辆（8 道原有停留车辆 4 辆），9 道甩 2 辆（11 道原有停留车辆 3 辆）。调车作业通知单如表 6-1 所示。

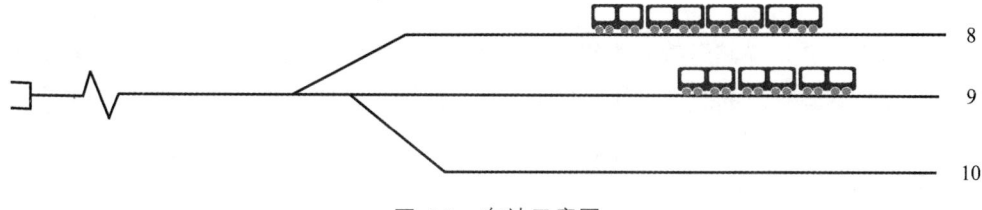

图 6-2　车站示意图

表 6-1　调车作业通知单　第 1 号

机车型号：m2Z0M3
11 月 2 日第一班 D1 调车组
作业内容：平面牵出作业
自××点××分起至××点××分止

顺　序	股　道	摘（-）或挂（+）	车数	作业方法、开口车种车号特殊限制、注意事项
1	8	+	2	$C_{62}4285601$
2	9	-	3	$C_{62}4185939$
3				
4				
5				
注意事项： 检查线路、车辆；注意人身安全、控好速度				
调车领导人：××				
编制时间：×年×月×日×点××分				

请思考：完成该调车作业计划应如何做。

【任务实施】

工作任务 6.1　连挂车列

任务描述
调车机车驶往到达场连挂车列。

教学目标

1. 知识目标

根据调车作业计划要求，确认调车人员作业准备完毕，正确、及时地显示信号，控制速度，稳妥连挂，最终完成连挂车列任务。

2. 技能目标

能在作业前检查线路、车辆、装卸作业等情况；能向调车有关人员显示起动信号、好了信号；能确认调车进路、调车联系信号、道岔开通信号；能在列车推进前指挥试拉；能判定车列停车位置。

3. 素质目标

认识调车工作对铁路运输生产组织的重大意义，树立爱岗敬业、遵章守纪的思想，培养学生工作认真负责的态度，使其具备具有高度责任感和良好的团队合作精神。

6.1.1 作业联系

1. 布置联系

调车长根据计划要求，了解作业准备情况，通知司机开始作业。

在开始作业前，调车领导人应主动联系调车作业有关人员，了解作业准备情况。指派胜任人员或亲自检查线路、车辆、装卸作业情况，确认无误后，方可开始作业。

2. 指挥动车

调车长显示起动信号，指挥司机动车，司机按信号显示运行。

调车长在显示信号前，要进行线路检查，包括：线路占用情况、停留车位置、道岔开通情况等。

知识链接：道岔定位

道岔除使用、清扫、检查或修理时外，均须保持定位。道岔经常向某一线路开通的位置，叫道岔定位。道岔的定位相关规定如下：

（1）单线车站正线进站道岔，为由车站两端向不同线路开通的位置。

（2）双线车站正线进站道岔，为各该正线开通的位置。

（3）区间内正线道岔及站内正线上其他道岔（引向安全线、避难线的除外），为正线开通的位置。

（4）引向安全线、避难线的道岔，为安全线、避难线开通的位置。

（5）到发线上的中岔，为到发线开通的位置。

（6）其他由车站负责管理的道岔，由车站规定。

6.1.2 准备进路

1. 请求挂车

根据调车作业计划，提出挂车请求，为了确保列车进路的安全，在正线、到发线上调车时，应经过车站值班员的准许，调度集中控制车站需得到列车调度员的同意。

2. 准备进路

根据计划或要道信号,按规定准备进路,确认进路开通正确。

3. 立岗还道

扳道员显示股道号码和道岔开通信号,立岗监视机车车辆走行。

6.1.3　连挂车列

使机车车辆连挂在一起的作业过程,称为挂车。

列车中车辆的连挂,由调车作业人员负责。软管的连结,有列检作业的始发列车由列检人员负责,无列检作业的由调车作业人员负责。

列车机车与第一辆车的连挂,由机车乘务员负责。单班单司机值乘的由列检人员负责;无列检作业的列车由车辆乘务员负责;无车辆乘务员的列车由车站人员负责。

列车机车与第一辆车的车钩摘解、软管摘结,由列检人员负责。无列检作业的列车,车钩、软管摘解由机车乘务员(单班单司机值乘的由车辆乘务员)负责,软管连结由车辆乘务员负责,无车辆乘务员的列车,由机车乘务员(单班单司机值乘的由车站人员)负责。

列车机车与第一辆车电气连接线的连结与摘解由客列检作业人员负责,无客列检作业人员时,由车辆乘务员负责。

货物列车本务机车在车站调车作业时,无论单机或挂有车辆,与本列的车辆摘挂和软管摘结,均由调车作业人员负责。

旅客列车在途中摘挂车辆时,车辆的摘挂和软管摘结,由调车作业人员负责,密封风挡和电气连接线的连结与摘解由车辆乘务员负责,其他则由列检作业人员负责,无列检作业人员时,由车辆乘务员负责,必要时打开车门,以便于调车作业。装有密接式车钩的客车车辆摘挂时,过渡车钩的安装与拆卸由列检人员负责,无列检人员时由车辆乘务员负责。

列车机车与动车组过渡车钩的连结与摘解、软管摘结、电气连接线的连结与摘解,由随车机械师负责。

挂车前,要先调整钩位;挂车后,要确认车钩的连挂状态并试拉。需连接软管作业时,还要连接软管,开放折角塞门,检查车列主管通风情况。

调车长指挥机车连挂,具体工作如下:

(1)接近车列,确认具备挂车条件;

(2)显示连结信号,指挥机车连挂。

信令显示:

单机距停留车一车时,调车长操纵手持台,交替按绿红键(各 0.5 s),显示"连接"信号指挥单机挂车;机车距停留车 3~5 m 时,连续按黄键两次(各 0.5 s),显示"减速"信号;接近连挂时,按红键(0.5 s),显示"停车"信号。确认车钩连挂妥当(钩锁销完全落槽)后,接通制动软管。

知识链接

　　连挂车辆或尽头线取送车辆时,司机在车列尾部推进过程中看不到推进前方的线路及存车情况,连结员在调车作业推进连挂过程中的瞭望十分重要,需要连结员站在尾部车辆的车梯上,时刻关注前方进路及线路存车情况,并实时汇报,在距离停留车"十车、五车、三车"时,要正确及时的显示"十车、五车、三车"的距离信号。

　　距停留车位置"十车、五车、三车"时,速度分别为 17 km/h、12 km/h、7 km/h,接近被连挂的车辆时为 5 km/h。

　　在尽头线上调车时,距线路终端应有 10 m 的安全距离;遇特殊情况,必须近于 10 m 时,要严格控制速度。

　　尽头线送车,应在前端车辆距车挡 30 m 处一度停车,以不超过 5 km/h 的速度推送。

知识拓展

　　列车中相互连挂的车钩中心水平线的高度差,不得超过 75 mm。

　　由于车辆的空重、弹簧的强弱、车轮四周磨耗、轴颈的大小、心盘垫板及轴瓦等的厚薄,以及运行中弹簧的振动、线路的状况等原因均可造成车钩的高度差。

　　如果车钩高度差超过规定的范围,当列车运行至道岔、路基松软地段时,车辆上下颠簸在陡坡线路上,容易发生脱钩而造成列车分离,并且高差过大时会使车钩钩舌牵引面变小,导致局部钩舌的拉力承受不了牵引力,易发生断钩事故。

案例学习

案例一:

　　××年×月×日,×站调车作业,当作业至第 5 钩"8-15",连结员在领车推进过程中违章作业,距离土挡约 30 m 时才呼叫"十车",致使推送车列以 7 km/h 的速度撞上土挡,前端第一辆重车脱轨向右侧翻,连结员受伤后抢救无效死亡。

案例二:

　　××年××月××日,××站单机连挂停留车列过程中,机班在执行十车距离呼唤应答后进入盹睡状态,机车以 15 km/h 的速度撞上被连挂停留车。构成铁路交通一般 D1 类调车冲突事故。

　　请思考上述两起事故发生的原因。

工作任务 6.2 联系牵出

任务描述

在确认人员到位，提钩处制动软管摘开、无抱闸车及溜放的第一辆车列车号正确后，显示起动信号，指挥司机动车。

教学目标

1. 知识目标

能够正确地显示调车信号，并在车辆牵出前，检查线路、道岔、停留车、装卸作业等情况，完成牵出车列任务。

2. 技能目标

能确认牵出车列的联系信号，能向司机显示起动信号，并在牵出车列起动后确认连结员、制动员的好了信号，能判定车列停车位置。

3. 素质目标

认识调车工作对铁路运输生产组织的重大意义，树立爱岗敬业、相互协作、遵章守纪的思想，培养安全第一、认真严肃的工作作风。

6.2.1 联系牵出

1. 信号联系

制动员提前到达取车地点，按规定摘管提钩，核对取车末端车号，确认调车长的联络信号，向调车长回示。

2. 指挥动车

调车长向车列开口处或末端制动员显示联络信号，确认制动员回示后，向司机显示起动信号。

为了确保安全，指挥动车前，应确认好以下情况，方可显示信号指示动车：

（1）调车人员上车及安全情况。

（2）线路占用情况。

（3）机车车辆停留位置情况。

（4）进路上的道岔开通情况。

（5）列检作业、装卸作业的防护信号撤除情况。

（6）调车人员回示的起动信号。

6.2.2 准备进路

1. 请求作业

信号员、扳道员与车站值班员联系,请求牵出。

2. 准备进路

根信号员、扳道员据计划或要道信号,按规定准备进路,确认进路开通正确。

集中联锁区,得到司机牵出的要道请求后,车站值班员按照调车计划及时排列调车进路,确认信号正确后,应答:"×(调、次、机车)×道牵出,信号好了";穿越正线时,应答:"×(调、次、机车)×道穿越(利用)正线调车,信号好(了)"。

3. 立岗还道

扳道员显示股道号码和道岔开通信号,立岗监视机车车辆走行。

6.2.3 起车牵出

1. 确认牵出

制动员:确认车列起动无误后,向调车长回示。

调车长:确认开口处或末端制动员的回示,注意调车人员上车及安全等情况,向司机回示"好了"信号。

指挥动车前,确认人员到位,牵出作业联系用语如下:

连接员:"×号到位,牵出"。

调车长:"调车长明白"。

作业准备就绪,显示起动信号,指挥司机动车。

信令显示:调车长操纵手持台,长按绿键(2 s),显示"起动"信号,指挥司机牵出。

2. 核对确认

调车平面牵出作业的车列牵出环节,连结员需核对确认以下内容:按计划查车数,核对提钩处制动软管摘开、无抱闸车及牵出车列最后一辆车号正确。遇特殊情况,连结员不能确认牵出车列最后一辆车车号时,由调车长负责确认。

核对车号联系用语:

连接员呼:"×号×道×位车号××××"。

调车长呼:"正确"。

3. 指挥停车

调车长根据作业计划,确认车列停车所需位置,指示司机停车。

信令显示:

(1)连接员确认到达折返信号机处发出信令口呼:"停车"。

(2)调车长操纵手持台,按红键(0.5 s),显示"停车"信号,指示司机停车。

> **知识链接**
>
> 调车作业要准确掌握速度及安全距离，并遵守下列规定：
>
> （1）在空线上牵引运行时，不准超过 40 km/h；推进运行时，不准超过 30 km/h。
>
> （2）调动乘坐旅客或装载爆炸品、气体类危险货物、超限货物的车辆时，不准超过 15 km/h。
>
> （3）接近被连挂的车辆时，不准超过 5 km/h。
>
> （4）在尽头线上调车时，距线路终端应有 10 m 的安全距离；遇特殊情况，必须近于 10 m 时，要严格控制速度。
>
> （5）电力机车、动车组在有接触网终点的线路上调车时，应控制速度，距接触网终点标应有 10 m 的安全距离；遇特殊情况，必须近于 10 m 时，要严格控制速度。
>
> （6）旅客未上下车完毕，除本务机车、补机摘挂作业外，不得进行旅客列车（车底）的连挂作业。
>
> （7）遇天气不良等非正常情况，应适当降低速度。

> **知识链接：安全风险点**
>
> 调车作业未确认信号是否正确，盲目动车。
>
> 未撤除防溜措施，盲目动车造成压铁鞋脱轨。
>
> 未确认车钩状态，盲目牵出，带动车辆溜逸。
>
> 尾部车辆无防溜措施，调车作业中"压钩"提钩后，造成作业股道另一端车辆溜逸。

工作任务 6.3　溜放车辆

任务描述

根据线路中停留车位置、气候条件、车组大小、空重车及车辆走行状态、难易行线、间隔距离等情况，将车组溜向指定线路。

教学目标

1. 知识目标

能够掌握溜放作业选闸、试闸的有关规定，以及掌握禁止溜放车辆、线路的有关规定并能够处理调车作业中的异常情况。

2. 技能目标

能掌握观速、观距的基本方法，并按计划完成溜放作业。

3. 素质目标

认识到调车工作对铁路运输生产组织的重大意义,培养学生爱护设备、工具及备品的习惯,树立严谨认真、相互协作、遵章守纪的思想,培养安全第一、认真严肃的工作作风。

6.3.1 作业联系

1. 联系溜放

调车长通知各作业点解体车次、股道、防溜措施及重点注意事项,听取制动员准备好了的报告。

2. 汇报上岗

制动员:

(1)向调车长报告准备好了。

(2)人力制动机制动,试闸良好后,向调车长或连结员报告试闸良好。

连结员:检查核对车组无误,确认制动员试闸"好了"信号(或试闸良好的报告),向调车长报告。

知识链接:试闸

试闸的方法主要有停车试闸和牵出试闸两种。

1. 停车试闸

在相对静止的状态下进行试闸。一般在列车到达并排风、摘管后进行。若仅判断有无反弹作用力,一般都在牵出时进行试闸。

停车试闸的方法为"一看、二拧、三蹬、四松"。

(1)一看:看人力制动机的各部件是否齐全良好。例如:人力制动机链有无开口,闸盘是否变形等。

(2)二拧:上车将人力制动机拧死,看是否有弹力;弹性大的就是好闸。随后再拧紧人力制动机,将掣子卡在掣轮上。

(3)三蹬:下车蹬闸瓦,看闸瓦动不动;蹬闸链,看链紧不紧。闸链拉紧,闸瓦蹬不动,就表明制动力强。

(4)四松:再上车把闸松开。

2. 牵出试闸

通常是在车列由到发场或调车场向牵出线牵出或由牵出线向调车场推进时进行试闸。在起动之初(第一次试闸)和将停之时(第二次试闸)拧紧人力制动机,这个时机容易判断闸的好坏。

第一次试闸是在车列起动时,速度较慢,便于察听闸瓦的摩擦声,看清车钩的状态和试验反弹力,很容易试出闸的好坏,但起动时试闸太早或过猛,会过多消耗牵引力而造成起动困难,影响调车速度,因此要掌握试闸时机。

> 第二次试闸在车列牵出，将要停车前进行。这次试闸要用最大力气，一则可以试验人力制动机的强度，防止链条的折断；二则可以帮助机车制动，减少走行距离。
>
> 经过两次试闸后，车列在牵出线上停下来，这时要抓紧时间看一下闸链是否顺次绕在闸杆上，否则要马上下车来调整闸链，使之顺次缠绕。
>
> 牵出试闸作业程序为"一听、二看、三感觉"。
>
> （1）一听：听车轮与闸瓦的摩擦声。一般人力制动机良好的，拧闸时会发出"吱吱"的声音。
>
> （2）二看：看车钩的伸缩状态。拧人力制动机时被试验的车辆速度降低，车辆前端车钩呈拉伸状态，后端车钩呈压缩状态。
>
> （3）三感觉：根据人力制动机的反弹力来判断。拧人力制动机时被试验的车辆反弹力大的制动力强；反弹力小的制动力弱。

6.3.2 进路确认

1. 准备进路

信号员：按规定准备进路，确认进路开通正确。

扳道员：连续溜放第一钩执行要道还道制度（集中联锁设备除外）。

非集中联锁进路准备和要道还道制度：

（1）在非集中联锁或集中联锁故障的进路上调车作业时，扳道员应根据调车作业通知单及调车指挥人的信号要求，正确及时地扳动道岔、显示信号，严格执行"一看、二扳、三确认、四显示"制度及要道还道制度，以确保调车进路的正确。"一看"包括看道岔的开通位置，看进路有无障碍，看邻线有无机车车辆越过警冲标。"二扳"指将道岔扳至所需位置。"三确认"包括确认道岔开通位置正确，确认尖轨与基本轨密贴，确认机车车辆未越出警冲标，确认进路无障碍。"四显示"指向有关人员显示进路开通信号。

（2）参加调车作业的有关人员之间，联系准备和确认调车进路所使用的一种规定联络方式，称为要道还道。在非集中联锁的进路调车作业时，为保证调车进路的正确，防止调车作业中挤岔子或进入异线等事故，调车有关人员要认真执行要道还道制度；一条进路，往往要经过好几组道岔，经过几个扳道员的作业才能完成，如果联系上稍有脱节或误认要道信号，就有影响作业或错误准备进路的可能。为防止这种情况出现，车站对人工操纵的道岔可采用互相监督、人工联锁、区域联防、互相检查制度，把分散的道岔，联成为一个整体，以保证进路准备的正确性。要道还道起到人工联锁、互相检查的作用，其方法是：要道由近而远，还道由远而近。

（3）使用书面调车计划时，要道还道制度，只起联系作用，扳道人员应按调车作业计划准备进路。要道还道时，应统一为"进×道要×道""出×道要×道"。在连续溜放和驼峰解散车辆时，只要求对溜放及解散车组的第一钩实行要道还道制度，自第二钩起，扳道员即可根据调车作业通知单的要求扳动道岔。

（4）要道还道制度，分为两种情况：一种是以调车长、司机为一方，以扳道人员为另一方，确认进路准备是否妥当、正确；另一种是当调车进路上配有两名以上扳道员时，在互相检查、确认调车进路是否正确时，也要执行要道还道制度。由于各站线路配置不同，扳道员之间要道还道的具体办法，应在《站细》内规定；当一条调车进路上既有集中联锁的道岔，又有非集中联锁的道岔，进路准备的方法也应在《站细》内规定。

2. 对道确认

对道确认由调车长负责：非集中区第一钩确认扳道员道岔开通信号，集中区确认调车信号开放，指示开始作业。

6.3.3 溜放车辆

1. 掌握溜放

调车长：

（1）开放（或显示溜放）信号。根据停留车位置、气候条件、车组大小、空重、车辆走行状态、难易行线等情况，掌握溜放速度，保证溜放车组速度均匀，间隔适当。

（2）发现异常情况，果断处理。

禁止溜放的车辆、线路及其他限制：

（1）装有禁止溜放货物的车辆。

（2）非工作机车、铁路救援起重机、大型养路机械、机械冷藏车、凹型车、落下孔车、客车、动车组和特种用途车。

（3）乘坐旅客的车辆及停有该车辆的线路，停有动车组的线路。

（4）坡度超过2.5‰的线路（为溜放调车而设的驼峰和牵出线除外）。

（5）停有正在进行技术检查、修理、装卸作业车辆及无人看守道口的线路。

（6）停有装载爆炸品、气体类危险货物车辆的线路。

（7）停留车辆距警冲标的长度，容纳不下溜放车辆（应附加安全制动距离）的线路。

（8）中间站正线、到发线及与其衔接而未设隔开设备的线路。

（9）调车组不足3人时，禁止溜放作业。

（10）不准采用牵引溜放法调车。

2. 提钩作业

连结员：按计划核对车数、车号，随时确认调车长信号或调车信号机显示状态，根据车组大小、车辆走行性能、气候条件、难易行线、间隔距离、禁溜车等情况，正确提钩，发现异常情况，及时报告或采取停车措施。

3. 扳道作业

扳道作业由信号员、扳道员共同完成。

（1）按计划准备进路，监视溜放车组走行。

（2）扳道员做到溜放车组间隔不足规定距离不扳，未过联动道岔不扳，有压标车或有侧面冲突的可能时不扳。

（3）发现异常情况，果断采取措施处理。

扳道员应根据调车作业通知单及调车指挥人的信号要求，正确及时地扳动道岔、显示信号，严格执行"一看、二扳、三确认、四显示"制度及要道还道制度，以确保调车进路的正确。

"一看"包括看道岔的开通位置，看进路有无障碍，看邻线有无机车车辆越过警冲标。

"二扳"指将道岔扳至所需位置。

"三确认"包括确认道岔开通位置正确，确认尖轨与基本轨密贴，确认机车车辆未越出警冲标，确认进路无障碍。

"四显示"指向有关人员显示进路开通信号。

6.3.4 制动作业

1. 人力制动机制动

（1）人力制动机制动时，抓牢站稳，按规定使用安全带，进行试闸。

（2）试好闸后，向调车长或连结员显示（报告）试闸良好。

（3）正确观速观距，观前顾后，均衡调速，稳妥连挂。

（4）多人制动一车组，以第一位制动员为主，其他制动员听从第一位制动员指挥。

（5）制动完了，松开人力制动机（按规定防溜时除外）。

2. 脱鞋调速

（1）根据计划，掌握重点车组、重点股道、人员技术、停留车位置、气候条件、安全注意事项，监视各股道车组走行，认真观速观距，正确调速。

（2）发生危及行车安全的情况时，及时采取措施或向制动人员报警。

（3）一批作业完了，及时将铁鞋归位、摆齐。

3. 铁鞋制动

铁鞋制动由制动员和调车长共同完成，具体工作如下：

（1）根据计划钩序、辆数、空重、难易行线、停留车位置、车辆走行、气候条件等，采用相应的下鞋方法，但单个车辆应"一车三鞋单轨双基本"，小组车应下基本鞋。

（2）选择适宜地点，准备足够数量且符合标准的铁鞋，遇天气不良或钢轨有油渍、盐、碱、冰、雪、霜等情况时，撒好沙子，正确观速观距，准确安放铁鞋，做到安全连挂或车组间天窗不大于 4 m。

（3）一批作业完了，及时撤除铁鞋，归位、摆齐。

（4）压鞋时的处理方法，由企业规定。应根据作业进度或在一批作业完了时，及时安排取出。

工作任务 6.4　摘挂整场

任务描述

调车过程中由于制动或车辆等原因导致车辆溜放不到位，车组之间产生"天窗"，使线路利用率降低，为消除车组之间的"天窗"和各线路的堵门车的影响，需要对线路车辆进行整理，为下一批作业打好基础。

教学目标

1. 知识目标

能够正确地显示调车信号，判断车距、控制速度，并按照计划完成作业。

2. 技能目标

能正确显示"十车、五车、三车"距离信号。

3. 素质目标

认识调车工作对铁路运输生产组织的重大意义，培养学生刻苦学习、钻研业务、努力提高技术文化素质的终身学习思想，培养安全第一、认真严肃的工作作风。

6.4.1　作业联系

调车长应根据计划要求，通知有关人员做好摘挂车整场准备，需越区作业时，同时按规定办理越区作业手续。

> **知识链接：安全风险点**
>
> 越区转场联系不彻底，盲目开放信号。
> 调车作业未确认信号是否正确，盲目动车。
> 未按规定接通制动软管，造成车辆失速。

6.4.2　准备进路

1. 准备进路

信号员、扳道员根据计划或要道信号，按规定准备进路，确认进路开通正确。

2. 立岗还道

扳道员显示股道号码和道岔开通信号，立岗监视机车车辆走行。

6.4.3　确认动车

确认动车主要由调车长负责：

（1）推进运行时，确认扳道员股道号码和道岔开通信号，集中区确认调车信号，瞭望进路，指挥运行。

（2）单机或牵引运行时，向司机显示起动信号，指示动车。

单机或牵引挂车时，因司机视线不受影响，所以调车指挥人可不显示"十车、五车、三车"距离信号，使用无线调车灯显设备时可不发出"十车、五车、三车"指令。

6.4.4 连挂车辆

1. 检查线路

制动员检查线路、停留车辆，调整好钩位。

2. 推送车辆

推送车辆工作由调车长、连结员、制动员共同配合完成，主要工作内容如下：

（1）推送车辆应先试拉，车列前部应有人进行瞭望，及时显示信号。当调车长确认停留车位置困难时，应派人显示停留车位置信号。末端车辆距信号机（警冲标）不足 30 m 时，应采取安全措施。

（2）调车长使用手信号作业时，应位于易于瞭望前方，又能使司机看见所显示信号的位置。

（3）使用手信号作业时，中转信号人员位置适当，正确、及时、一致地中转信号。

> **知识拓展**
>
> 推送车辆时，为了防止减速或紧急停车时，因连挂状态不良发生车辆溜逸而危及行车安全，应先试拉，确认连挂状态良好后再进行作业。
>
> 但在同一线路内，连续连挂作业时，根据连挂距离，可以不每钩都进行试拉，但要确认连挂状态，车组间距超过 10 车时须试拉。
>
> 连续连挂时，可以不停车连挂，但最后一组一般不采用连续连挂的方法进行，并要认真采取防溜措施，避免车辆溜出警冲标，造成严重后果。

【课后作业】

1. 试绘制平面牵出线调车作业流程图。
2. 调车长在显示信号前应做哪些检查工作？
3. 什么是挂车？挂车前、挂车后应注意什么？
4. 指挥动车前，应在确认好哪些事项后，方可显示信号指示动车？
5. 试简要叙述停车试闸的方法。
6. 试简要叙述"一看、二扳、三确认、四显示"制度的要点。
7. 试简要叙述禁止溜放的车辆、线路及其他限制的相关规定。
8. 试述铁鞋制动的基本工作内容。

项目 7　编组列车作业

【项目导学】

编组列车是根据列车编组计划、列车运行图和有关规章制度及某些特殊要求将车辆选编成车列或车组。

按照规定条件把车辆编挂成车列,并挂有机车及规定的列车标志时,称为列车。单机、动车及重型轨道车虽未完全具备列车条件,亦应按列车办理。

货物列车编组必须符合列车编组计划和列车运行图规定的编组内容、编挂条件及重量、长度等,并必须符合《技规》规定的机车车辆编入列车的技术条件。

旅客列车应严格按旅客列车编组计划中规定的车种、辆数、编挂位置等编组。为了保证旅客列车的安全和便于运转车长的工作,规定旅客列车最后一辆的后端应有压力表、紧急制动阀和运转车长值乘的位置。

铁路调车编组列车作业程序如图 7-1 所示。

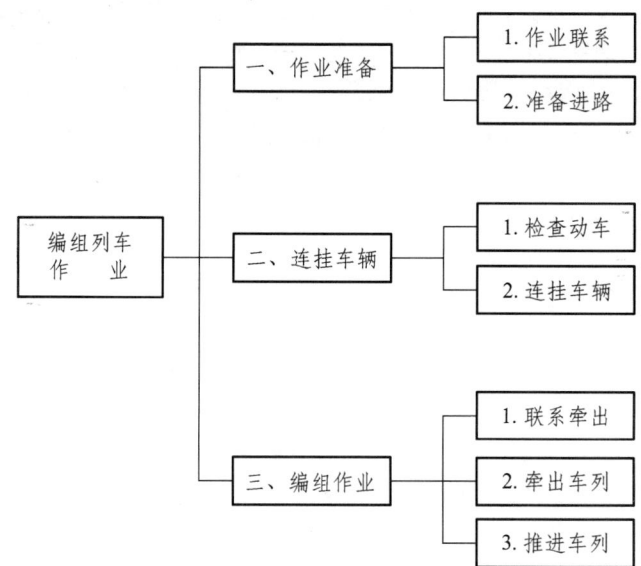

图 7-1　铁路调车编组列车作业程序图

【任务引入】

已知:如图 7-2 所示的 AC 方向货物列车牵引定数 4 000 t;A 站编开到达 C 站的 10001 次技术直达列车集结于调车场 16 道,开始编组时该线路已集结本去向车流 78 辆;经计算至第 49 辆时总重 3 941 t，该 49 辆车中无关门车，无隔离标记车；计划不加挂危品车辆；牵出线在调车场右方；编成后转出发场 2 道。试编制 10001 次列车的编组调车作计划。

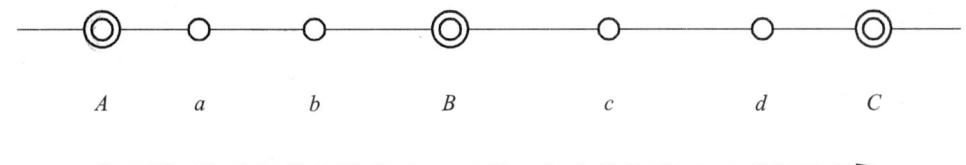

图 7-2 A 站开行到达 C 站的技术直达列车

表 7-1 调车作业通知单

顺序	股道	摘（−）或挂（+）	车数	作业方法、开口车种及车号特殊限制、注意事项
1	BZ16	+	49	3583245
2	CF02	−	49	编好
3				
4				
5				
注意事项：检查线路、车辆；注意人身安全、控好速度				
调车领导人：××× 编制时间：×年×月×日×点××分				

 请思考：为完成该调车作业计划，应如何做？

【任务实施】

工作任务 7.1　作业准备

任务描述

编组作业前做好准备工作。

教学目标

1. 知识目标

根据调车作业计划要求，掌握作业联系准备进路，做好作业准备。

2. 技能目标

根据计划要求，会与有关人员联系编车；在正线、到发线上调车时，应获得车站值班员的准许。调度集中控制车站需得到列车调度员的同意。需越区作业时，会按规定办理越区作业手续。

3. 素质目标

认识调车工作对铁路运输生产组织的重大意义，树立爱岗敬业、遵章守纪的思想，培养学生使其具备工作认真负责的态度，并具有高度责任感和良好的团队合作精神。

7.1.1 作业联系

1. 联系编车

调车区长根据计划要求，与有关人员联系编车。

2. 联系进路

在正线、到发线上调车时，应经过车站值班员的准许。调度集中控制车站需得到列车调度员的同意。

需越区作业时，调车区长同时按规定办理越区作业手续。

知识链接：调车区

在调车作业繁忙、配线较多的车站配有两台及以上调车机车时应根据车场设置特点、业务性质、车流特点和车站配线等情况划分每台调车机车相对固定的作业区域，简称调车区。

每个调车区一般情况下只有一台机车按固定范围作业（驼峰有预推进路者除外）。划分区可避免调车机车作业的互相干扰抵触便于机车乘务人员和调车人员熟悉作业区域点和工作条件，有利于安全调车。

知识拓展：越区转场作业

越区和转场调车，是车站调车作业中一项比较复杂的工作。

越区作业，是指调车机车或带有车辆越出本调车机车固定的作业区域进入其他调车区作业；转场作业，是指调车机车或带有车辆由一个车场去另一个车场的作业。

越区既可以在同一车场也可以在不同车场间进行，转场既可以在同一调车区内也可以在不同调车区内进行。越区或转场调车，不仅关系到区和车场之间作业的安排，而且有时还要经过许多线路和道岔，跨越正线和其他车场，如果没有做好联系和防护，不但要影响调车效率，而且会危及行车安全。因此，要求在越区或转场作业时，两区（场）调车领导人或车场值班员之间必须事先做好联系，停止相抵触的作业、确认线路，准备好进路，并做好防护。没有做好联系和防护，不准越区或转场作业。

7.1.2 准备进路

1. 准备进路

根据计划或要道信号，按规定排列进路、开放调车信号，确认进路开通正确。

2. 立岗还道

扳道员显示股道号码和道岔开通信号，立岗监视机车车辆走行。

工作任务 7.2　连挂车辆

任务描述

正确及时进行检查动车、连挂车辆等工作。

教学目标

1. 知识目标

在连挂车辆时，做好挂车前检查工作，及时指挥动车，按规定选分车组，正确显示信号。

2. 技能目标

挂车前能正确检查线路、防溜措施、停留车辆、关门车等，调整好钩位。能及时确认道岔开通信号或调车信号（单机或牵引运行时除外），会向司机显示起动信号。按计划要求正确分解及编组车组，能正确及时地进行各种连挂信号显示。

3. 素质目标

认识调车工作对铁路运输生产组织的重大意义，树立爱岗敬业、相互协作、遵章守纪的思想，培养安全第一、认真严肃的工作作风。

7.2.1 检查动车

1. 挂车检查

连结员、制动员挂车前检查线路、防溜措施、停留车辆、关门车等，调整好钩位。

2. 指挥动车

调车长确认道岔开通信号或调车信号（单机或牵引运行时除外），向司机显示起动信号。为了确保安全，指挥动车前，应在确认好以下情况后，方可显示信号指示动车：

（1）调车人员上车及安全情况；

（2）线路占用情况。

（3）机车车辆停留位置情况。

（4）进路上的道岔开通情况。

（5）调车人员回示的起动信号。

> **知识链接：关门车**
>
> 关门车是指关闭制动支管上的截断塞门，车辆能通风，但本身不起制动作用的车辆。
>
> 为确保列车在紧急制动时能及时制动，货物列车对关门车编挂位置也须严格限制：
>
> （1）关门车不得挂于机车后部三辆车之内。
>
> （2）列车中连续连挂不得超过二辆。
>
> （3）列车最后一辆不得为关门车。
>
> （4）列车最后第二、三辆不得连续关门。
>
> 旅客列车不准编挂关门车。在运行途中如遇自动制动机临时故障，在停车时间内不能修复时，准许关闭一辆，但列车最后一辆不得为关门车。

7.2.2 连挂车辆

1. 选分车组

调车人员按计划要求分解及编组车组。

2. 信号显示

（1）连挂车辆时，正确及时显示"十车、五车、三车"距离信号（单机除外），并得到司机回示，没有回示，立即显示停车信号；单机挂车时，接近车列下车，向司机显示连结信号。

（2）连续连挂时，可不停车连挂，应确认连挂状态，车组间隔超过10车时，应顿钩或试拉；末端车辆距信号机（警冲标）不足30 m时，应采取安全措施。进入车档作业前，应有调车人员的停车信号防护；按规定做好对停留车辆防溜措施的设置及撤除。

（3）确认挂妥后，推进运行前，向调车长显示试拉信号，全部起动后显示"好了"信号。

> **知识链接**
>
> （1）单组混编，即该列车到达站及其以远的车辆，不分到站、不分先后混合编挂。
>
> （2）分组选编，即一个列车中分为两个及其以上的车组，属于同一组的车辆必须编挂在一起。对车组的排列，无特殊要求者，可以不按组顺编挂。
>
> （3）到站成组，即在列车中同一到站的车辆必须编挂在一起。
>
> （4）按站顺编组，即在列车中除同一到站必须挂在一起外，还要求按车辆到站的先后顺序进行编挂。

工作任务 7.3　编组作业

任务描述

编组作业涉及联系牵出、牵出车列、推进车列等工作。

教学目标

1. 知识目标

能够熟练联系转线、信号联系的作业流程，掌握监视走行的要求，熟练指挥停车，正确确认进路、推进运行、编成复检。

2. 技能目标

能按规定准备进路，确认进路开通正确；会向司机显示起动信号，指挥机车牵出；能按要求立岗监视机车车辆走行；会显示连挂时的各种信号；会对编成车列的车辆进行复检。

3. 素质目标

认识调车工作对铁路运输生产组织的重大意义，培养学生爱护设备、工具及备品的习惯，树立严谨认真、相互协作、遵章守纪的思想，培养安全第一、认真严肃的工作作风。

7.3.1　联系牵出

1. 联系转线

按规定准备进路，确认进路开通正确。需越区作业时，同时按规定办理越区作业手续。需转场作业时，应征得他场值班员同意。

2. 信号联系

确认制动员的起动信号，向司机显示起动信号，指挥机车牵出。

7.3.2　牵出车列

1. 监视走行

牵出车列起动后，调车长确认制动员"好了"信号，注意调车人员上车及安全等情况，向司机显示"好了"信号。

进路准备妥当后，立岗监视机车车辆走行。

2. 指挥停车

确认车列牵至所需位置，调车长指示司机停车。

7.3.3　推进车列

1. 确认进路

非集中区确认扳道员道岔开通信号；集中区确认调车信号开放，按作业要求显示信号。

2. 推进运行

（1）推进车列，车列前部应有人进行瞭望，及时显示信号。当调车长确认停留车位置有困难时，应派人显示停留车位置信号。末端车辆距信号机（警冲标）不足30 m时，应采取安全措施。

（2）调车长使用手信号作业时，应位于易于瞭望前方，又能使司机看见所显示信号的位置。

（3）使用手信号作业时，中转信号人员应位置适当，正确、及时、一致地中转信号。

（4）连挂车辆时，正确及时显示"十车、五车、三车"距离信号，并得到司机回示，没有回示，立即显示停车信号。

（5）编组车列，确认车列挂妥后应进行试拉。根据需要，将车列停放在适当地点或企业规定的位置，按规定采取防溜措施后摘钩。

3. 编成复检

（1）对编成车列复检，复检内容包括：车辆是否连挂妥当、关门车编挂位置及数量是否符合规定、防溜措施以外的人力制动机（人力制动机紧固器）或铁鞋是否撤除（由其他人员负责检查时除外）。

（2）车列编成后，连结员、制动员向调车领导人报告。

【课后作业】

1. 试绘制铁路调车编组列车作业流程图。
2. 编组作业应做哪些准备工作？
3. 挂车前应检查哪些内容？
4. 编组作业连挂车辆时信号显示有何要求？
5. 编组作业推进运行时有何要求？
6. 编成车列的复检内容有哪些？

项目 8 列车摘挂作业

【项目导学】

列车在运行的途中站摘解或加挂车辆的调车作业；在变重站为列车补轴或减轴；分组列车在沿途技术站换挂车组；摘挂列车、小运转列车在中间站摘下本站作业车并将该站已装卸完毕的车辆挂入列车；为保证行车安全，将列车中发现的技术状态或装载状态不良的车辆在途中站甩下等都属于列车摘挂作业，也称为摘挂调车。

摘挂调车作业是中间站调车的主要形式，在个别区段站有时也进行摘挂调车作业。铁路中间站设备简单，调车人员少，编制调车作业计划时要考虑车站线路布置、货位划分、作业安排等情况。摘挂车时要特别注意车辆防溜，摘车时应停妥，采取好防溜措施后再提钩摘车。挂车时应先连挂，确认连挂妥当后，再撤除防溜，指挥动车。

铁路调车列车摘挂作业程序如图 8-1 所示。

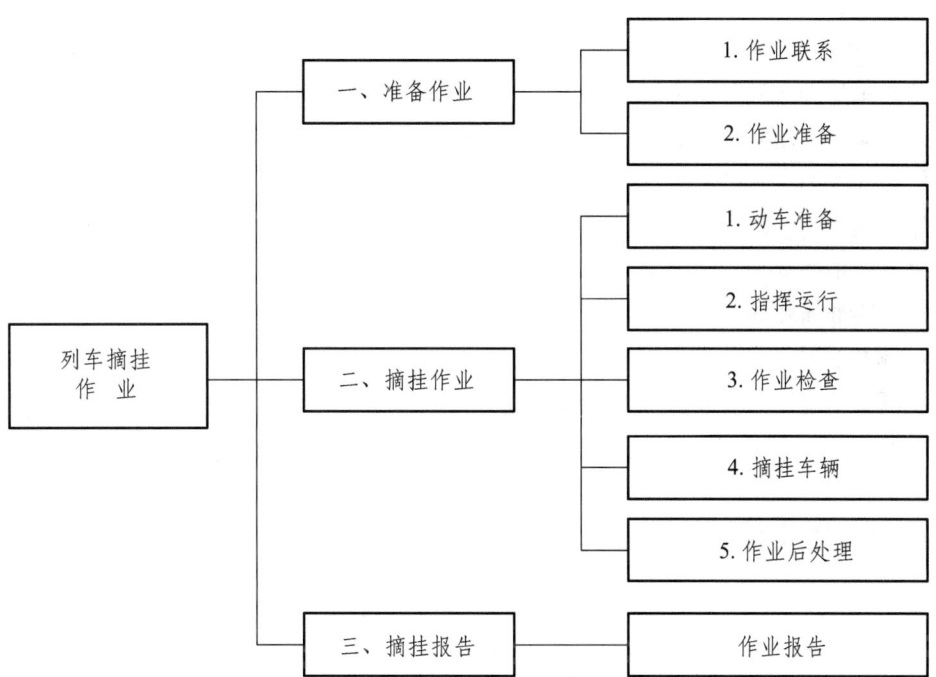

图 8-1 铁路调车列车摘挂作业程序

【任务引入】

已知：某中间站有正线 1 条，到发线 4 条，货物线 2 条。本班（白班）摘挂列车 41021 次预计 12 时 30 分到达，计划机次甩车 2 辆，货 2 线挂车 3 辆，车站设有车站值班员 1 名，信号员 1 名，助理值班员 1 名，调车组一组 3 人。根据《技规》《调标》《行规》完成列车摘挂作业。

请思考： 为完成该调车作业计划，应如何做？

【任务实施】

工作任务 8.1　准备作业

任务描述

调车领导人与列车调度员、货运人员联系，编制摘挂调车作业计划。调车领导人亲自向调车指挥人传达计划。调车作业人员提前到达线路，列车到达后检查车辆，排风摘管。

教学目标

1. 知识目标

明确车站调车领导人、调车指挥人，理解其工作内容和分工职责。掌握车站线路、信号、车辆、货场装卸等基本知识。认识调车作业通知单，理解排风摘管的方法。

2. 技能目标

能与列车调度员、货运员等相关作业人员进行有效沟通，高效联系，讲清作业内容。能正确及时地传达计划并对计划进行有效分工。能在作业前检查线路、车辆等情况。掌握排风、摘管的技能。

3. 素质目标

认识调车工作对铁路运输生产组织的重大意义，树立爱岗敬业、遵章守纪的思想，培养学生具备工作认真负责的态度，并具有高度责任感和良好的团队合作精神。

8.1.1　作业联系

1. 抄收确报

列车到达前，调车领导人根据列车运行计划，与列车调度员联系，了解摘车的位置车数、货物品名及收货人，空车应了解车种、吨位，并将车站待挂车辆报告列车调度员，让其确定挂车车次、位置、预计作业时间。

2. 联系取送

调车领导人与货运人员联系，告知货运人员调车作业安排，与货物人员商定摘车地点，确定装卸作业时间。调车领导人应掌握待挂车辆装卸进度，并通知货运人员做好取送车准备。

> **知识链接：调车领导及指挥**
>
> 车站的调车工作，由车站调度员（未设车站调度员的由调车区长，未设调车区长的由车站值班员）统一领导。分场（区）时，各场（区）的调车工作，由负责该场（区）的车站调度员或该场（区）的调车区长领导。
>
> 分散自律控制模式下的中心操作方式下调车工作由助理调度员担当调车领导人；车站调车操作方式下由车务应急值守人员担当调车领导人；车站操作方式下由车站调度员担当调车领导人。
>
> 区段站由车站调度员或调车区长担当调车领导人。中间站一般不设置车站调度员和调车区长，在非调度集中区段，中间站的调车工作由车站值班员统一领导，在调度集中区段，中间站调车作业由助理调度员担当调车领导人。
>
> 设有调车长岗位的车站，调车作业由调车长单一指挥。未设调车长的车站，可由车站值班员或助理值班员担任指挥工作。遇有特殊情况，可由经鉴定、考试合格取得调车长资格的胜任人员代替。

8.1.2 作业准备

1. 计划编制

调车领导人应正确及时地编制、布置调车作业计划。编制计划坚持安全预想。根据人员、作业内容、机具、天气、作业环境等情况，有针对性地提出安全注意事项及风险控制措施。布置调车作业计划，应使用调车作业通知单；中间站利用本务机车调车时，应使用有示意图的调车作业通知单（示意图可另附），图中应标明线路容车数和停留车位置。调车作业通知单应复写或打印，其内容应包括月、日、顺号、调车组别、作业内容（编组或解体车次）、起止时分、运用股道、摘挂车数、摘挂车号、注意事项、限制速度等特殊要求。

电气化区段，调车作业通知单应注明线路"有电""无电"字样，车站示意图还应标明接触网终点标、分相绝缘器与有关调车信号机或最外方道岔尖轨尖端之间的距离，以便司机掌握。

使用机车进行调车作业时，应采用无线调车灯显设备，并使用规定频率。无线调车灯显设备正常使用时停用手信号，对灯显以外的作业指令采用通话方式；无线调车灯显设备发生故障时，改用手信号作业。中间站本务机调车作业开始前和结束后，机车乘务员应与调车组签认交接机车控制器状态。调车长电台或机车控制器（含连接线）发生故障时,应更换备用设备作业,如更换后仍无法正常使用,改用手信号指挥作业。电台通话功能良好时,可用于作业联系。

2. 计划传达

中间站作业时,车站值班员在办理列车闭塞(预告)后,通知调车作业人员做好准备工作。

调车领导人与调车指挥人应亲自交接(连续作业时可由连结员接取)计划,并布置作业要求和注意事项。由列车调度员担当调车领导人时,可指派胜任人员代为转达。一批作业不超过三钩,可用口头方式布置(普速铁路中间站利用本务机车调车及高速铁路车站进行有车辆摘挂的调车除外),有关人员应复诵。

编组(区段)站,列车成组摘挂或临时甩车,需本务机车作业时,由车站值班员通知助理值班员联系、指挥调车作业并按规定联系进路,需使用无线调车灯显设备指挥作业时,同时将无线调车灯显设备便携机车控制器送上机车并安置在适当位置。

调车领导人向调车指挥人传达计划及注意事项,允许使用无线调车灯显设备传达、核对调车作业计划,在STP与现车管理系统接口工作正常时,调车领导人可使用STP车载设备向调车指挥人下达调车作业计划。调车指挥人做好作业分工及安全预想,提前上岗。列车到达后亲自向司机递交调车作业通知单,传达作业注意事项和作业方法。并检查作业人员上岗情况。

3. 检查车辆

调车作业人员提前到达作业地点,通过桥梁、道口或横越线路时,应"手比、眼看、口呼",做到"一停、二看、三确认、四通过"。横越有停留机车、车辆的线路时,先确认暂不移动,在距离停留车端部 5 m 以上距离处通过,严禁在运行的机车、车辆前抢越线路。

调车人员按计划检查车辆状态,检查停留车位置、连挂状态,动车组以外的列车中相互连挂的车钩中心水平线的高度差,不得超过 75 mm,检查停留车辆的防溜措施,检查车下有无铁鞋、止轮器,检查人力制动机是否松开。

发现车辆上部篷布、绳索松脱,罐车顶盖打开及敞车装载的货物与接触网有接近危险时,严禁接触和盲目处理,应立即报告车站值班员,要求调度停电处理或调往无网区处理。

中间站还要核对现车。

4. 排(拉)风摘管

排风是调车人员缓缓打开折角塞门,放出制动主管的风,拉风是调车人员拉动车辆的排风拉条,排放制动缸余风。调车作业必须做好提前排风、摘管的准备,排(拉)风应做到风排净、不漏排、不抱闸,排(拉)风作业在列车解体前完成。列车到达后,调车人员确认列检到达试风完毕,方可开始排(拉)风(无列检作业的列车除外)。排(拉)风摘管,应做好防护,连结员应使用无线调车灯显设备及时向调车长汇报,得到同意后按下紧急停车按钮，方可进行作业。调车人员根据调车作业计划正确摘管。摘管示意图如图 8-2 所示。

当发现危及人身和行车安全的情况时，调车人员应及时发出停车信号（紧急停车指令）或用语，司机接收到停车信号（紧急停车指令）或用语后应立即停车。作业完毕或在紧急停车原因消除后，发出紧急停车指令的人员及时向调车长汇报并"解锁"。

图 8-2　摘解制动软管

工作任务 8.2　摘挂作业

任务描述

指挥司机动车完成摘车和挂车作业。

教学目标

1. 知识目标

摘挂作业的项目及内容。摘挂作业人员分工及技术要求。

2. 技能目标

能正确准备进路，确认进路及调车信号显示，正确运用要道还道的联控用语。正确及时使用调车无线灯显设备显示"停车""起动""连结""十车""五车""三车""减速""推进""紧急停车"等指令信号。能够连结、摘解制动软管。能够实施、撤除防溜器具。能够完成试拉作业。

3. 素质目标

认识到调车工作对铁路运输生产组织的重大意义，树立爱岗敬业、相互协作、遵章守纪的思想，培养安全第一、认真严肃的工作作风。

8.2.1　动车准备

1. 施撤防溜

编组站、区段站在到发线、调车线以外的线路上停留车辆，不进行调车作业时，应连挂在一起，并须拧紧两端车辆的人力制动机，或以铁鞋（止轮器、防溜枕木等）牢靠固定。

中间站停留车辆，无论停留的线路是否有坡道，均应连挂在一起，拧紧两端车辆的人力制动机，并以铁鞋（止轮器、防溜枕木等）牢靠固定。一批调车作业中临时停留的车辆，须拧紧两端车辆的人力制动机或以铁鞋（止轮器）止轮。铁鞋如图8-3所示。

非电气化区段，使用人力制动机时必须使用安全带（平车、带防护栏的油罐车、砂石车除外），做到"上车先挂钩，下车先摘钩"，下车前必须确认安全带（钩）和服装未被车辆挂住后再下车。

（a） （b）

图8-3 铁鞋

调车作业需要经常性地出入有接触网的线路进行作业，为了确保调车作业人员的人身安全，在电气化区段，严禁使用人力制动机，棚车、敞车等高位闸台必须使用人力制动机紧固器防溜。一般使用人力制动机紧固器拧紧两端车辆的人力制动机，因人力制动机不良或不适宜使用防溜紧固器时以铁鞋牢靠固定。施撤防溜铁鞋必须等车列、车辆停稳后进行，禁止手抓铁鞋踏面。人力制动机紧固器如图8-4所示。

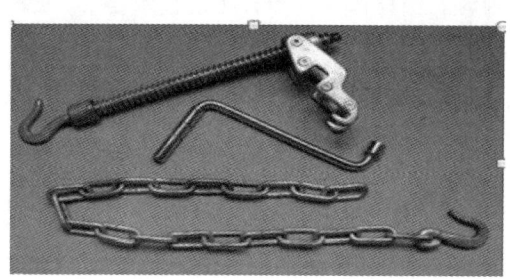

图8-4 人力制动机紧固器

连结员安设防溜措施前，向调车长汇报，得到调车长同意作业的指令后使用无线调车灯显设备的紧急停车键进行防护，方可施撤防溜、摘取软管。

连接员："×号作业"。

调车长："同意×号作业"。

连结员做好遗留车组防溜工作后向调车长汇报："×到×端机紧固器已做好，×号作业完毕"，需要汇报车号时应一并报告，得到调车长的回复后按压无线调车灯显设备的解锁按钮。调车长确认车号正确，连结员发出牵出口令。

> **实践技能：人力制动机紧固器使用方法**
>
> （1）使用前应检查人力制动机紧固器各部件性能是否良好，发现问题及时更换。
>
> （2）使用时应将人力制动机紧固器牢固固定在闸杆最下端的托架上。用人力制动机紧固器的活动一端勾住闸链，此时应尽量勾紧。
>
> 扳动人力制动机紧固器的手把或摇动手柄，逐渐拉紧闸链，起到制动作用。锁好人力制动机紧固器，防止制动失效、车辆溜逸。
>
> （3）紧固后应检查制动是否有效，用脚蹬闸链看是否张紧。
>
> （4）撤除时用专用钥匙拧开人力制动机紧固器的开关即可。撤除后应将紧固绳或铁链收回，调整到待用状态。

2．准备进路

动车准备认真执行要道还道制度。摘挂调车作业在动车前一般都是停在到发线，到发线普遍是集中连锁区，车站值班员得到司机的要道请求后，车站值班员按照调车计划及时排列调车进路，调车进路必须一次排出，确认信号正确后，应答信号好，并时刻监视信号显示，调车作业人员确认信号正确后复诵。

非集中联锁区或者在集中区联锁设备停用时，依然要认真执行要道还道制度，要道还道制度为："进×道要×道""出×道要×道"。在无扳道员的情况下，牵出或单机运行时，由调车司机要道，调车长还道；推进车辆运行时，由调车长要道，负责准备进路的调车人员在进路准备妥当后向调车长汇报。由连结员负责准备进路时，在进路准备妥当后，须使用无线调车灯显设备向调车长汇报，联系用语为：

连结员："×道进路好了"。

调车长："×道进路好了，调车长明白"。

调车长确认车号正确，得到连结员牵出的通知，确认信号开放，方可显示启动指令。

8.2.2 指挥运行

1．指挥牵出

调车长指挥动车前，确认尾部车号正确，确认调车人员回示的起动信号，得到连结员"牵出"的通知，确认调车信号机开放，作业准备就绪方可向司机显示起动指令，指挥司机动车。

车列起动后，尾部连结员确认整组牵出，向调车长汇报"好了"，调车长确认调车人员的"好了"信号，并在注意调车人员上车及安全等情况后，向司机显示"好了"信号。牵引车辆运行时，前方进路的确认由司机负责。

扒乘车辆前，调车人员必须先确认所扒乘车辆扶手、车梯配件完好牢固。影响站稳扒牢的车辆禁止扒乘或停车上下。车列运行中调车作业人员必须站稳把牢。

尾部连结员要时刻观察线路情况，即将到达反岔地点时，使用无线调车灯显设备依次呼叫"减速""停车",调车长依次按压减速和停车按钮。调车组负责操纵的道岔,调车作业牵出停妥后,尾部最后一辆车必须与所要操纵道岔保持 5 m 以上的安全距离,操纵道岔时应使用停车键防护。当车辆越过电锁器联锁的联动道岔需返岔时,调车人员应向扳道员显示过岔的"好了"信号。

2. 指挥推进

推进车辆前继续执行要道还道制度,推进运行时,前方进路的确认由调车指挥人负责,如调车指挥人所在位置确认前方进路有困难时,可指派调车组其他人员确认。车列前部应有人进行瞭望,及时显示信号。调车作业推进车辆运行时,除领车连结员发出标准用语,调车长发出调车指令外,其他人员不得进行通话联络。确需使用机车电台联系时,须停轮。连结员领车联系用语为:

调车长:"×调去×道"。

信号员:"×调去×道(有车)信号好(有电)"。

连结员:"×调去×道(有车)信号好(有电)"。

调车长:"×调调车长明白"。

当领车人员确认停留车位置困难时,应派人显示停留车位置信号,末端车辆距信号机(警冲标)不足 30 m 时,应采取一度停车的安全措施。

连结员使用手信号作业时,调车长应位于易于瞭望前方,又能使司机看见所显示信号的位置。中转信号人员位置适当,正确、及时、一致地中转信号。

集中区调车作业时,机车车辆须进入股道信号机内方或越过折返信号机。遇特殊情况需原进路返回时,信号员(车站值班员)应确认进路道岔开通位置正确并单独锁闭,通知调车指挥人对无调车信号机防护或无光带占用区段的道岔开通位置进行逐个确认并得到汇报后,方可同意调车司机、调车指挥人按原进路返回作业。办理调车作业原进路返回时,严禁变更原进路;穿越(利用)正线的调车作业,严禁办理原进路返回。

8.2.3 作业检查

1. 检查线路

机车车辆进入专用线道岔(集中联锁区除外)、大门、装卸地点前应一度停车,待调车人员检查线路、道岔(集中联锁区除外)、大门、停留车等后,方准进入(已事先有人检查时除外,有协议的按协议执行)。具体检查项点将在本教材项目进行详述。

2. 确认通风

调车人员按规定连结制动软管,确认通风良好,以保证车列有足够制动力。连结制动软管数量按国铁集团、铁路局集团公司有关规定执行。转场或在坡度超过 2.5‰ 的线路上调车时(驼峰作业除外),10 辆及以下是否需要连结软管及连结软管的数量,11 辆及以上必须连结软管的数量,以及以解散作业为目的的牵出是否需要连结软管,由车站和机务段根据具体情况共同确定,并纳入《站细》。中间站调车作业,无论线路是否有坡道,均应全部接通软管。越出站界或跟踪出站调车须全部接通软管。其他情况中调车作业连结软管的规定在《站细》内明确。

进行制动机简略试验时,作业人员应在车列末端通知司机制动,通过检查确认活塞伸出,确认车列制动主管通风状态良好。

调车作业应使用调车灯显设备,禁止使用简易紧急制动阀(调车灯显设备未与机车 LKJ 装置联机使用时除外)。使用简易紧急制动阀的具体办法在《站细》内明确。

8.2.4　摘挂车辆

1. 摘挂车及防溜

调车作业摘挂车辆时,机车车辆必须停在警冲标内方。车辆临时停在警冲标外方时,一批作业完了后,应立即送入警冲标内方。

调车人员摘车时,应在车辆停妥后,按规定采取好防溜措施后再提钩。摘解车辆时,应先摘管后提钩,按照"一关前、二关后、三摘风管、四提钩"的作业程序,即先关闭靠近机车方面的折角塞门,使手柄与主管垂直,再关闭另一侧折角塞门,按要求摘开软管,按计划提开车钩。为了保证作业安全,严禁在车列行走过程中摘管。

调车人员挂车时,挂妥后,再撤除防溜措施。曲线挂车时,应一度停车,调整好钩位,再行连挂。

货物列车本务机车在车站调车作业时,无论是单机还是挂有车辆,与本列的车辆摘挂和软管摘结,均由调车作业人员负责。

2. 连挂车辆

调车人员连挂车辆时,车列前部应有人瞭望,正确及时显示十车、五车、三车距离信号(单机除外)并得到司机回示,即在调车车列距离停留车辆十车(约 110 m)时,向司机显示十车信号;距离五车时(约 55 m),显示五车信号;距离三车(约 33 m)时,显示三车信号;距离不足 110 m 时仅显示"五车、三车"信号;不足 55 m 时,仅显示"三车"信号;不足 33 m 时,仅显示接近连挂信号。接近被连挂的车辆时,不准超过 5 km/h。没有显示"十车、五车、三车"距离信号,不准挂车,没有司机回示,立即显示停车信号。调车作业连挂车辆时,除领车连结员发出标准用语,调车长发出调车指令外,其他人员不得进行通话联络。确需使用机车电台联系时,须停轮。

被连挂车辆尾部距信号机(警冲标)不足 30 m 时,应一度停车,再行连挂。

摘挂列车挂妥后,应进行试拉。

8.2.5　作业后处理

1. 道岔恢复定位

作业完了后,相关人员按规定将道岔恢复定位,并向车站值班员报告。

2. 调车结束报告

调车长将车辆停留及防溜措施等事项报告车站值班员。使用本务机调车作业时,调车长取回机车上临时安置的无线调车灯显设备便携机车控制器。

工作任务 8.3　摘挂报告

列车摘挂作业完毕后，车站值班员填记行车揭示牌，向列车调度员报告。分散自律车站调车操作方式下的车站，调车作业完毕，车务应急值守人员应及时向助理调度员汇报。出站（跟踪）调车的相关内容如下。

1. 越出站界调车

利用列车运行间隔，使调车车列越过进站信号机或站界标进入区间的调车，称为越出站界调车。越出站界调车作业分为请求出站、填发通知书、出站调车、开通区间四个步骤。

1）请求出站

双线区间正方向越出站界调车，闭塞区间（自动闭塞区间为第一闭塞分区）空闲。在正常情况下，双线区间列车运行执行单向行车制。即上行列车走上行正线，下行列车走下行正线，称之为正方向行车。正方向办理越出站界调车的车站具有发车权，可不与对方站办理占用区间的闭塞手续。越出站界调车时，只要在确认双线正方向区间或第一个闭塞分区空闲，经车站值班员口头准许并通知司机后，即可出站调车。

单线自动闭塞区间越出站界调车，闭塞系统必须在发车位置，第一闭塞分区空闲，经车站值班员口头准许并通知司机后，方可出站调车。单线自动闭塞，区间是双向行车，只要办理越出站界调车的车站闭塞系统在发车位置，控制着发车权，也可不与对方站办理闭塞手续。

单线半自动闭塞和双线反方向出站调车，须有停止使用基本闭塞法的调度命令，与邻站办理闭塞手续。在单线区间和双线反方向调车的情况下，列车运行执行的是双向行车制，即区间一条正线，既可以走上行列车，又可以走下行列车，发车权属于区间两端站。所以，单线半自动闭塞区间出站调车，首先区间必须空闲，其次要与邻站办理电话闭塞手续，邻站发出电话记录号码，并发给司机出站调车通知书，方可越出站界调车。

单线计轴自动站间闭塞区段越出站界调车时，车站值班员须得到列车调度员口头准许并得到停止基本闭塞法的调度命令，确认区间空闲，与邻站办理电话记录并发给司机出站调车通知书后，方可出站调车。

办理出站调车的车站请求出站时，车站值班员应通知邻站出站调车时间，填记行车日志。两端站揭挂表示牌。为了防止错办，单线区间和双线反方向越出站界调车时，两端站车站值班员应在闭塞机上（计算机联锁为占线板）揭挂区间占用表示牌，双线正方向出站调车车站值班员应在车站揭示图上揭挂出站调车表示牌，并对相应的信号按钮加封戴帽。

2）填发通知书

车站值班员按规定填记出站调车通知书，其格式为《技规》附件 5，填写出站调车通知书时，应区间准确，并做到内容齐全，有电话记录号码、站名印、车站值班员签名、起止时分、作业列车车次、年月日。字迹工整、不得涂改、不用的字句应抹消，内容如未按规定填写或有涂改时，均应作废，另行填写。

车站值班员核对无误后交给调车长，并通知有关人员。调车长核对无误后方准交给司机进行作业。当调车机车距行车室较远时，调车长可根据车站值班员的通知填写，并与车站值班员核对正确后交予司机进行作业。

3）出站调车

车站值班员通知调车长出站（跟踪）调车的注意事项：调车车列应在限定的时间内返回站内，以不影响列车运行。作业完了，车列全部退回站内并不妨碍列车进路的情况下，调车长收回出站调车通知书，交予车站值班员。出站调车通知书在用后应划"×"注销，收回的凭证及存根自下月起保管一个月的时间。

4）开通区间

越出站界调车通知书收回后，由调车长及时向车站值班员汇报，车站值班员确认区间空闲。车站值班员确认凭证收回后方可撤除表示牌，解封信号机，向列车调度员报告作业完了，按规定与邻站办理开通区间手续，开通区间。

出站调车应注意下列事项：

（1）遇区间有车占用时，严禁预填出站调车通知书交给调车司机。

（2）当出站调车车列回站待避列车后，如需要继续越出站界调车时，应重新办理手续，不得使用原出站调车凭证。

（3）电力机车越站调车遇区间设有分相时，编制计划要准确掌握挂车辆数。

（4）区间有施工维修作业时，禁止越出站界调车。

（5）单线或双线反方向越出站界调车，办理电话闭塞时应发出电话记录号码。与邻站办理的电话记录号码及内容，均应在《行车日志》内进行登记。

（6）越出站界调车须全部接通软管。

2. 跟踪出站调车

列车由车站出发后尚未到达前方站（线路所），间隔一定的距离或时间，调车车列跟随出站列车后越过进站信号机或站界标进入区间的调车作业，称为跟踪出站调车。

跟踪出站调车作业同越出站界调车一样，分为请求出站、填发通知书、跟踪调车、开通区间四个步骤。不同的是跟踪出站调车，只准许在单线区间及双线正方向线路上办理，并须经列车调度员口头准许，取得邻站值班员承认的电话记录号码，发给司机跟踪调车通知书（见附件5）。跟踪调车完毕，车站值班员通知邻站作业完了时间，两站均在行车日志记事栏记入跟踪作业完了时间。

1）跟踪出站调车注意事项

（1）考虑到前行列车有退行的可能，为保证跟踪出站调车的车列与前行列车保持一定距离，在先发列车尾部越过预告、接近信号机（或靠近车站的第一个预告标）或《站细》规定的间隔时间后，方可跟踪出站调车，但最远不得越出站界500 m。

（2）跟踪出站调车，两端站车站值班员应在闭塞机上（计算机联锁为占线板）揭挂区间占用表示牌，确认凭证收回后方可撤除。

（3）为使跟踪出站调车不影响列车运行，须经列车调度员口头准许。

（4）为了更好地掌握区间占用情况，防止跟踪出站调车的机车车辆返回车站前，两站错误办理闭塞，在办理跟踪出站调车时，须在取得邻站车站值班员承认的电话记录号码后，方可填写"跟踪调车通知书"。

（5）办理出站调车时，为了防止错办，车站值班员应在控制台上或闭塞机上揭挂"跟踪调车"表示牌（安全帽）

（6）跟踪调车作业完毕，车站值班员确认跟踪调车通知书收回后，向邻站发出电话记录号码。列车虽已到达邻站，但跟踪调车通知书尚未收回时，禁止办理区间开通手续。

（7）跟踪出站调车须全部接通软管。

2）禁止跟踪出站调车的情况

（1）出站方向区间内有瞭望不良的地形或有长大上坡道。

长大上坡道是指线路坡度在6‰以上，长度超过8 km，或坡度在12‰以上，长度超过5 km，或坡度在20‰以上，长度超过2 km。

（2）先发列车需由区间返回，或挂有由区间返回的后部补机。

（3）一切电话中断。

（4）降雾、暴风雨雪时。

（5）动车组调车作业。

（6）自动站间闭塞区间禁止跟踪出站调车。

（7）半自动闭塞区间夜间或前发为旅客列车、军用列车时，禁止办理跟踪出站调车。

3. 附件5 出站/跟踪调车通知书的填写

出站/跟踪调车通知书在填写时应填记对方站承认的电话记录号码（电话记录号码由接车站按列车运行方向上行双数，下行单数分别编号），出站/跟踪调车的起止时间和区间，不用的字句删除。填记后仔细核对，不得造成歧义，确认无误后盖戳签字，方可交付司机。

1）单线半自动闭塞车站出站调车通知书

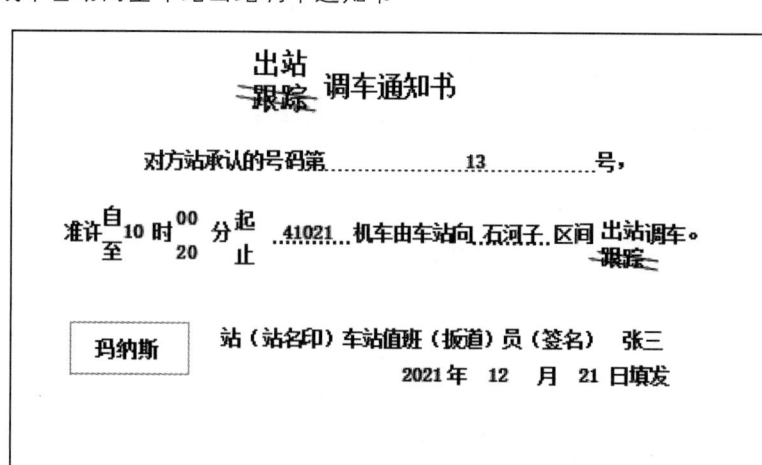

注：不用的字句抹消。 （规格90 mm×130 mm）

2）双线车站出站调车通知书

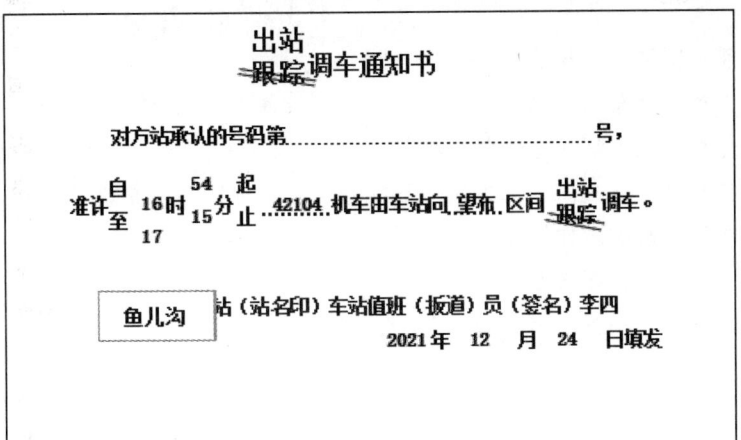

注：不用的字句抹消。　　　　　　　　　　　（规格 90 mm×130 mm）

3）双线反方向出站调车通知书

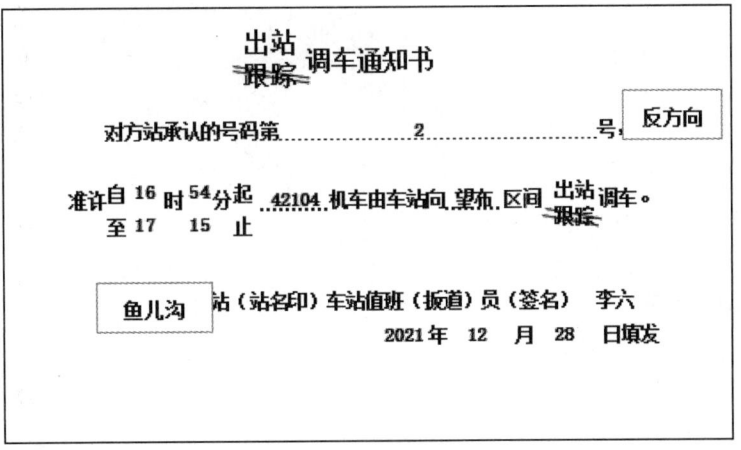

注：不用的字句抹消。　　　　　　　　　　　（规格 90 mm×130 mm）

4）双线正方向跟踪调车通知书

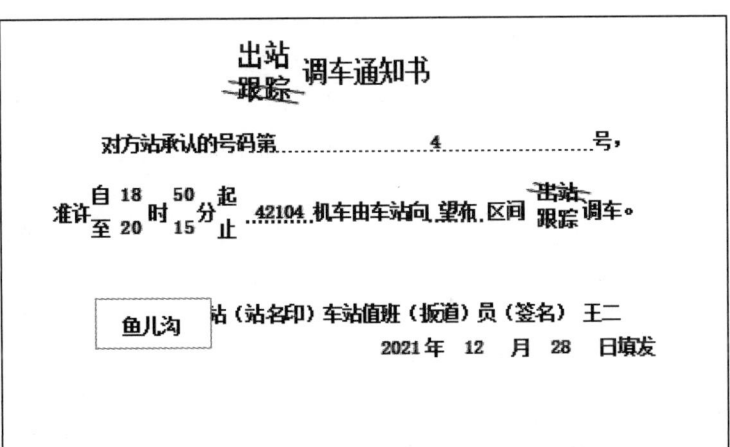

注：不用的字句抹消。　　　　　　　　　　　（规格 90 mm×130 mm）

【课后作业】

1. 试绘制铁路调车列车摘挂作业程序图。
2. 中间站摘挂调车作业的调车领导人和调车指挥人分别是谁?
3. 调车作业通知单都包含哪些内容?
4. 试简要叙述"一关前、二关后、三摘风管、四提钩"作业要点。
5. 人力制动机紧固器如何使用?
6. 连挂车辆有什么要求?
7. 越出站界调车和跟踪出站调车有什么要求?

项目 9　取送车辆作业

【项目导学】

铁路取送调车是为达成装卸货物或检修车辆等目的向作业地点取送车辆。此外，还有车列和车组转场、货车的检衡、场内车辆整理等工作，以及在站线上放行机车等。为了提高线路使用率，增加货运装卸量，要求参加调车作业的人员应做到及时取送客货作业和检修的车辆，充分运用调车机车及一切技术设备，采用先进工作方法，用最少的时间完成调车任务。

取送调车一般行程较长，线路平纵断面条件差，应注意严禁超速运行，取送车前，应派人检查线路两旁堆放物品与线路中心线的距离应满足安全要求，无其他障碍，取送车途中，应加强瞭望，注意调车周围环境，保证调车人员和路外人员的安全。

铁路调车取送车辆作业程序如图 9-1 所示。

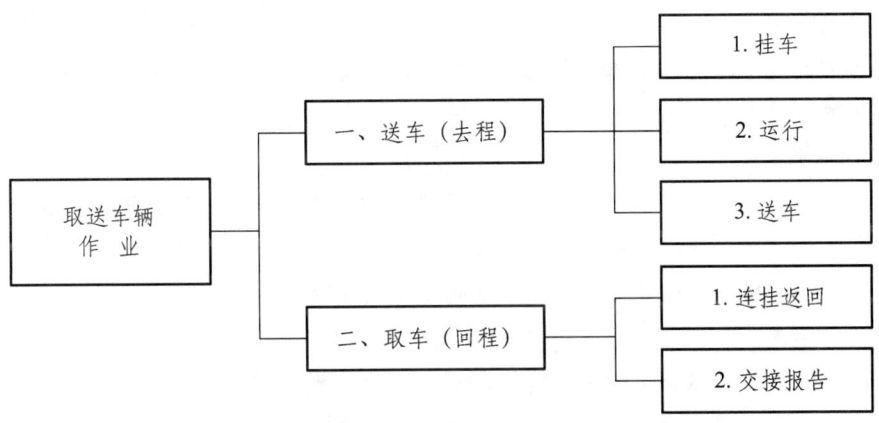

图 9-1　铁路调车取送车辆作业程序

【任务引入】

已知：某中间站有正线 1 条，到发线 4 条，货物线 2 条，站场示意图如图 9-2 所示。到发线 5 道有待送货 1 线车辆 2 车，货 2 线有待取车 4 车。计划将 5 道车辆送往货 1 线，并将货 2 线车辆取回至到发线 5 道待挂。完成取送车作业。

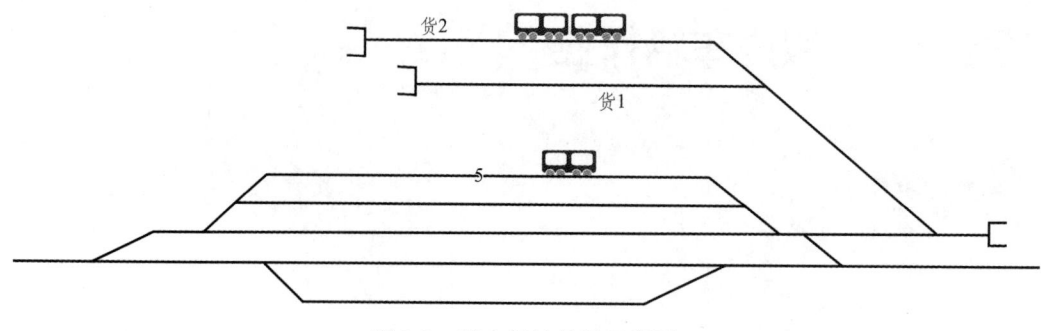

图 9-2 某中间站站场示意图

【任务实施】

工作任务 9.1 送车（去程）

任务描述

调车人员按计划挑选车组，连挂车辆，按规定连结制动软管，确认具备动车条件后要道动车，起车运行。送车时认真检查线路、大门、道岔、线路两旁货物等，对好货位后做好防溜再摘车。

教学目标

1. 知识目标

明确取车作业程序。掌握车站线路、信号、车辆、货场装卸等基本知识。掌握调车连结软管的数量要求，掌握要道还道的方法。

2. 技能目标

能与调车领导人、货运人员等相关作业人员进行有效沟通、高效联系，讲清作业内容。能在作业前检查线路、车辆、装卸作业等情况。能按照《技规》《调标》规定连挂车辆，掌握提钩、摘管、结管技能。能正确搬动无联锁道岔并加锁。

3. 素质目标

认识调车工作对铁路运输生产组织的重大意义，树立爱岗敬业、遵章守纪的思想，培养作业安全和人身安全意识，培养学生具备认真负责的工作态度，并具有高度责任感和良好的团队合作精神。

9.1.1 挂 车

1. 挑选车组

挂车前应进行作业前检查，调车人员按作业计划要求，核对现车，挑选车组。调车人员按照调车作业计划中标注的车号、车数进行挑选，检查线路道岔上有无障碍物，检查停留车位置、连挂状态、防溜情况，观察有无压鞋、手制动机是否松开，调整好钩位，同时做好排风摘管等准备工作。

2. 连挂车辆

调车长显示连结信号，指示挂车。挂车前，应将进行连挂的车钩调整到便于安全连挂的位置。在直线上连挂车辆，车辆钩头位于中心，一方车辆的车钩在全开位，另一方车辆的车钩位于闭锁位，防止两钩同时全开或都关闭而造成临时抢扳钩舌或重复连挂的现象。在曲线上连挂时，将两钩头向曲线内侧扳动，使两车钩纵中心线相近，并将两车钩各开六七成，以加大两车钩接触面，再去连挂。曲线挂车时，应一度停车，调整好钩位，再行连挂。

挂车时，及时显示十车、五车、三车距离信号，司机控制好速度。单机挂车时不需要十车、五车、三车距离信号，单机距离停留车 10 m 处一度停车，调车长下车后使用无线调车灯显设备显示停车信令（需停车上下时调车长在机车上显示信令，严禁在下车过程中显示信令），再显示连结信令挂车。

连挂后，先确认车钩两状态。观察上作用式车钩钩锁铁锁脚是否在锁头底部露出，钩销漏出在 56 mm 以内说明连挂妥当。下作用式车钩的锁销是否正确降落在钩头的后部下方，如购销漏出在 240 mm 以上则说明连挂妥当。两车连挂后，应确认两车钩纵中心线的高差不大于 75 mm，75 mm 差不多是一个拳头的高度或者一根香烟的高度。车辆挂妥后再撤除被连挂车辆的防溜措施，对遗留车辆应先采取防溜措施，再摘开车钩。防溜及摘钩的要求前文已经进行讲述，此处不再详述。

连结员向调车长显示试拉信号，确认尾部最后一辆车起动后，向调车长显示"好了"信号。

3. 接管通风

中间站调车作业，无论线路是否有坡道，均应全部接通软管；作业量较大的中间站，在坡度超过 1.0‰ 的线路上调车作业时，应连结不少于 1/2 数量的车辆的软管；在坡度超过 6‰ 的线路上进行调车作业，须全部连结软管。其他情况连接软管的数量在《站细》内明确。

进入车档进行摘结软管作业前，连结员应使用无线调车灯显设备及时向调车长汇报，得到同意后按下紧急停车按钮，方可进行作业，作业完毕后，发出紧急停车指令的人员应及时向调车长汇报并"解锁"。

调车长、连结员按规定连结制动软管，确认通风良好。连结软管前应检查两管头部是否良好，胶皮圈有无丢失，缺少时应补上。不许以一个胶皮圈反扣，因为这样会造成下次摘管时胶皮圈丢失，从而影响作业，导致列车晚点，同时反扣还会引起漏风，发生列车运行途中自动抱闸，危及行车安全。连结软管时应一只脚迈入道心，另一只脚在轨外蹲下，左手紧握靠近身体一侧的软管接头，随即将肘部弯曲，使手握的软管接头接近肩部，同时右手扶起另一侧软管，使两接头垂直呈 90°，对好接头，借助软管本身的弹力，向下推压软管，即可连结。

当折角塞门手柄与列车制动主管平行时为开通位，垂直时为关闭位。软管连结后需确认是否连结妥当，然后才能打开折角塞门，以免风压的冲击使两软管未连接好而发生分离，打伤作业人员。打开折角塞门时，应先打开机车方向的折角塞门，以便检查是否漏风，确认后再打开另一端折角塞门。遇到有漏风的情况，应摘开软管，重新调整或更换橡皮圈后再结软管。

9.1.2 运 行

1. 要道动车

调车长和信号楼应按规定执行要道还道制度。集中连锁区，车站值班员得到司机的要道请求后，车站值班员按照调车计划及时排列调车进路，调车进路必须一次排出，确认信号正确后，应答信号好，并时刻监视信号显示。调车信号开放后，不准变更。必须变更时，信号员（车站值班员）须通知调车指挥人和司机并确认停车后，方可关闭信号，调车作业人员确认信号正确后复诵。

非集中联锁区或者在集中区联锁设备停用时，依然要认真执行要道还道制度，要道还道制度为："进×道要×道""出×道要×道"。在无扳道员的情况下，牵出或单机运行时，由调车司机要道，调车长还道；推进车辆运行时，由调车长要道，负责准备进路的调车人员在进路准备妥当后向调车长汇报。由连结员负责扳动道岔准备进路时，在进路准备妥当后，须使用无线调车灯显设备向调车长汇报。

推进运行时，车列前部瞭望连结员确认调车信号开放正确后或得到扳道员道岔开通信号，通知调车长显示起动信号。调车长确认连结员显示起动信号后，向司机显示起动信号。

2. 起车运行

牵引运行时，连结员确认车列起动无误，向调车长显示"好了"信号。调车长确认连结员的"好了"信号，并在注意调车人员上车及安全等情况后，向司机显示"好了"信号。

无线调车灯显设备故障停用，使用手信号作业时，调车长应位于易于瞭望前方，又能使司机看见所显示信号的位置。中转信号连结员位置适当，正确、及时、一致地中转信号。

车列运行中，调车长、连结员都要不间断进行瞭望，及时显示信号。推进运行经过无人看守道口前，调车长应显示指示司机鸣笛的信号，适当控制速度。走行线上由调车人员扳动的道岔，开通走行线并加锁时，可不停车检查，运行中应加强瞭望。

集中区调车作业时，机车车辆须进入股道信号机内方或越过折返信号机。遇特殊情况需原进路返回时，信号员（车站值班员）应确认进路道岔开通位置正确并单独锁闭，通知调车指挥人对无调车信号机防护或无光带占用区段的道岔开通位置进行逐个确认并得到汇报后，方可同意调车司机、调车指挥人原进路返回作业。办理调车作业原进路返回时，严禁变更原进路；穿越（利用）正线的调车作业，严禁办理原进路返回。

9.1.3 送 车

1. 检查确认

作业前，调车领导人应将调车作业计划和预计取送车时间及时通知货运人员。

调车作业前，车站调车领导人提前 40 min 指派货运人员（段管线时为指定人员，岔线时由货运人员通知企业运输员），及时开启大门并牢靠固定，撤除脱轨器及防护信号，检查线路（走行线除外）有无障碍物，线路两旁堆放的货物是否影响安全，装卸、检修机具是否侵入限界，无人看守道口防护，停留车辆装载加固状态及防脱拉环。车站未得到相关人员具备取送车条件的通知，不得放行调车车列进入该线作业。

调车领导人得到货运人员（段管线为所属单位人员）具备取送车条件的汇报后，方可通知调车人员进行取送车作业；未指派货运人员（段管线为所属单位人员）提前检查时，调车长应派人检查线路及停留车，线路两旁堆放货物，距钢轨头部外侧不得小于 1.5 m。站台上堆放货物时，距站台边缘不得小于 1 m。货物应堆放稳固，防止倒塌。不足上述规定时，不得进行调车作业。

连结员确认道岔（由调车人员扳动的道岔）开通位置正确，装卸停止，防护信号及装卸机具已撤除。由调车人员扳动的段管线、专用线非集中联锁控制的道岔，操作时必须做到一人作业、一人防护。

车站值班员得到货运人员货物线装卸车作业完毕，装载加固良好，脱轨器撤除、具备挂车条件的签认（使用录音电话通知时可不办理签认）后，方可安排调车机进行取送车作业。

取送线路路况比较复杂时，取送车作业过程中应加强瞭望，在大门、脱轨器、无人看守道口（平过道）、无联锁道岔、高站台前一度停车检查。调车长指派连结员对所经无联锁道岔的开通位置、加锁状况进行检查，将道岔扳向所需位置确认良好后，向调车长汇报可不停车检查。调车长指派连结员对所经线路撤除脱轨器、平过道、高站台前进行检查，确认安全，向调车长汇报后，可不停车检查。遇非正常情况应立即停车处置。

纳入联锁的电动大门，办理调车进路后应通过视频监控设备确认大门开启状态，方准联控作业；未纳入联锁的电动大门，应在通过视频监控设备确认大门已开启后，方准办理调车作业。

一般情况下在调车作业中，调车组人员应与调车司机在同侧作业。送车过程中遇司机一侧设有超过 1.1 m 的高站台、滑溜槽等设备时，准许调车人员在副司机一侧显示信号，但事先须向司机及有关人员传达清楚。作业完毕牵出停妥后，由调车长组织组内人员换至原侧并通知司机后方可作业。调车长在传达计划时应向司机、调车人员重点布置。

2. 摘车防溜

调车长、连结员按调车计划及送车地点工作人员的要求，对好位置，按规定采取防溜措施。

取送调车作业的货物线、专用线绝大多数位于尽头线。尽头线调车停留机车、车辆时，应与车挡保持 10 m 的安全距离（尽头站台设有车钩缓冲装置时除外）。遇特殊情况必须近于 10 m 时，要严格控制速度。尽头线送车，应在前端车辆距止挡设备 30 m 处一度停车，以不超过 5 km/h 的速度推送。

货物线、岔线、段管线变更计划，须经调车领导人同意。

工作任务 9.2　取车（回程）

任务描述

指挥机车在货物线连挂待取车辆，取回站内，做好交接与报告。

教学目标

1. 知识目标

取车（回程）的作业程序、作业项目及内容。掌握车站线路、信号、车辆、货场装卸等基本知识。掌握调车连结软管的数量要求，掌握要道还道的方法。

2. 技能目标

能与调车领导人、货运人员等相关作业人员进行有效沟通、高效联系，讲清作业内容。能在作业前检查线路、车辆、装卸作业等情况。能按照《技规》《调标》规定连挂车辆，掌握排风、摘管、结管技能。能正确扳动无联锁道岔并加锁。

能与调车领导人、货运人员等相关作业人员进行有效沟通、高效联系，讲清作业内容。能正确准备进路，确认进路及调车信号显示，正确运用要道还道的联控用语。正确及时使用调车无线灯显设备显示对"停车""起动""连结""十车""五车""三车""减速""推进""紧急停车"等指令信号。能够检查专用线线路、道岔（集中联锁区除外）、大门、停留车情况。能够连结、摘解制动软管。能够实施、撤除防溜器具。能按照《技规》《调标》规定连挂车辆。能正确搬动无联锁道岔并加锁。能够完成取车作业。

3. 素质目标

认识到调车工作对铁路运输生产组织的重大意义，树立爱岗敬业、相互协作、遵章守纪的思想，培养作业安全及人身安全意识和认真严肃的工作作风。

9.2.1　连挂返回

1. 连　挂

调车人员按作业计划要求，挑选车组、检查线路、停留车辆、调整好钩位。调车人员按照调车作业计划中标注的车号、车数进行挑选。挂车前，应确认装卸停止、防护信号及装卸机具已撤除，车下无障碍。

调车长显示连结信号，指示挂车，调车长、连结员连结全部的制动软管，确认通风良好。挂妥后，撤除防溜措施，对遗留车辆应先采取防溜措施，再摘开车钩。连结员向调车长显示试拉信号，确认尾部最后一辆车起动后，向调车长显示"好了"信号。

尽头线内停有车辆取、送车时，距停留车 10 m 处一度停车，检查被连挂端防溜措施后，再行连挂。

设有交接场（交接线）的专用铁道、专用线，无列检作业时，由车站调车人员在挂车前对专用铁道（专用线）交出的车辆状态进行技术检查。

（1）车门无丢失，车体倾斜不超限，罐车车顶走板、防护栏无脱落、无窜出。

（2）闸瓦、闸瓦插销无丢失；外侧枕簧无窜出、丢失，脱轨自动装置无破损变形、无漏风。

（3）心盘、承载鞍无错位，轴承外部无明显磕碰损伤，钩提杆及座无损伤脱落。

（4）车辆无冲撞、脱轨痕迹。

2. 要　道

由货物线、岔线、段管线返回时，调车人员须在确认调车信号开放正确或确认扳道人员的道岔开通信号后，进入指定的股道。

9.2.2　交接报告

1. 交　接

规定由调车人员交递货运票据时，调车人员应负责交清货运票据。

2. 报　告

每次作业完毕，调车长、连结员应将停留车位置及防溜措施、计划变更的情况等，一并向调车领导人报告清楚。

【课后作业】

1. 试绘制取送调车作业流程图。
2. 如何确认车钩连挂妥当？
3. 如何连结制动软管？
4. 调车作业原进路返回有什么要求？
5. 进入专用线、货物线时应检查哪些内容？
6. 调车作业换侧作业时有什么要求？
7. 取车时车站调车人员在挂车前对专用铁道（专用线）交出的车辆应进行哪些技术检查？

项目 10　停留车作业

【项目导学】

车辆在车站的停留时间，占车辆周转时间的 70%左右，机车车辆停留的位置与车站的工作安排联系紧密，关系着铁路运输生产的安全。因此，机车车辆在车站停留时，必须停在规定的位置，并采取防溜措施。

铁路调车停留车作业程序如图 10-1 所示。

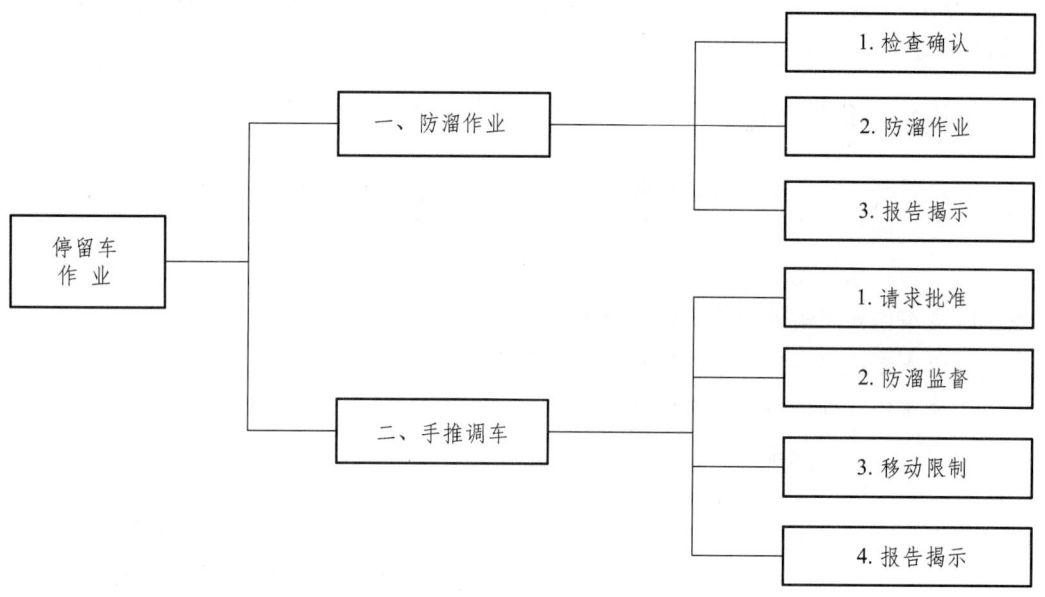

图 10-1　铁路调车停留车作业程序

【任务引入】

已知：调车线 8 道有停留车辆 4 辆，作业时，应注意什么？

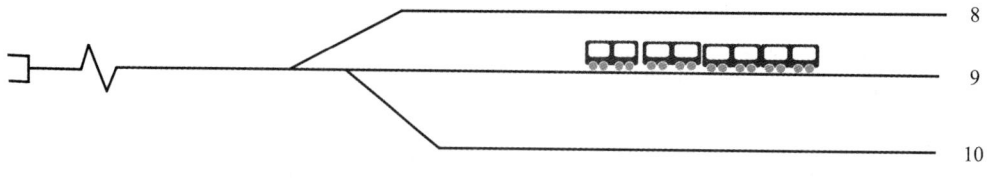

图 10-2　调车线

工作任务 10.1　防溜作业

任务描述

在运输生产过程中，如果没有对停留车进行有效防溜或防溜不彻底，导致车辆溜逸，将直接危及铁路运输安全，本任务主要介绍车辆防溜的相关规定。

教学目标

1. 知识目标

掌握防溜的方法及揭示防溜措施的相关符号。

2. 技能目标

能够掌握不同情况下对应的防溜措施。

3. 素质目标

认识调车工作对铁路运输生产组织的重大意义，培养学生严格执行工作程序、工作规范、工作标准和安全操作规程，爱护设备、工具及备品，树立安全第一、认真严肃的工作作风。

10.1.1　检查确认

1. 交接班检查

交接班时，对防溜措施和防溜器具实行对号交接；需现场检查时，按企业规定执行。

2. 防溜工具交接

防溜工具交接时，做到止轮地点、措施、数量清楚；一批作业未完、工具数量不符不得交接。接班人员应按分工对站内停留车的防溜情况进行现场确认，发现问题及时处理。

10.1.2　防溜作业

调车作业中应对停留车辆按规定设置、撤除防溜措施。调车作业摘车时，必须停妥，按规定采取好防溜措施后，方可摘开车钩。挂车时，没有连挂妥当，不得撤除防溜措施。

转场或在超过 2.5‰ 坡度的线路上调车时（驼峰作业除外），10 辆及以下是否需要连结软管及连结软管的数量，11 辆及以上必须连结软管的数量，以及以解散作业为目的的牵出是否需要连结软管，由车站和机务段根据具体情况共同确定，并纳入《站细》。

（1）动车组防溜。

① 动车组无动力停留时，有停放制动装置的动车组，由司机负责将动车组处于停放制动状态；动车组无停放制动装置或在坡度为 20‰ 以上的区间无动力停留时，由司机通知随车机械师进行防溜，防溜时应使用止轮器牢靠固定。

② 重联动车组在设置止轮器防溜时，仅设置前列。

③ 如需在同一股道内停留两列不重联的动车组时，两列动车组间应有间隔不小于 20 m 的安全防护距离（动车段、动车所内的股道除外），并分别做好防溜。

④ 动车段（所）内动车组防溜办法由铁路局规定。

（2）车辆防溜。

① 车辆在车站停留时，应连挂在一起，拧紧两端车辆的人力制动机，并以铁鞋牢靠固定。特殊情况下需分组停放时，应分别采取防溜措施。

② 一批作业中临时停留的车辆，须拧紧两端车辆的人力制动机或以铁鞋止轮。

③ 调车作业实行"谁作业、谁防溜（撤除）"的原则，防溜措施的设置和撤除由调车人员（机车及自轮运转特种设备为司机，其他无调车人员的为设备使用单位人员）负责。

（3）机车及自轮运转特种设备在车站停留时，由司机负责将其保持制动（防溜）状态，并按规定采取止轮措施。

（4）施工路用车辆及自轮运转特种设备需在车站停留时，使用单位应派人负责看守。其他车辆在车站到发线停留时，由车站人员（车务应急值守人员或其他胜任人员）对其防溜措施进行检查、确认。

图 10-3　铁鞋防溜

案例学习

案例一：

××年×月×日，××局×站1207次到达后，甩补机（三补机均挂在列车前部），又要加挂隔离车。在此期间，调车长未采取任何防溜措施，造成油罐车溜逸。后被参加调车作业防护的扳道员拧停在15号道岔岔心处，造成客车进站信号开放不了，机外停车，构成调车车辆溜逸一般事故。

案例二：

××年×月×日，××局××站执行调二计划时，未撤除铁鞋，拉鞋作业，当牵出到62号道岔时，自备车G88706脱轨、散架，打坏道岔，挤坏货二线路，造成货车中破2辆，打坏道岔3副及其他设备，构成调车脱轨一般事故。

请思考上述两起事故发生的原因。

10.1.3　报告揭示

1. 防溜报告

对停留车进行防溜后，在一批作业结束后及时报告。

2. 揭示防溜。

揭示防溜措施时，用下列符号标明停留车的防护措施：

(1) 人力制动机——⊗；

(2) 铁鞋（止轮器）——△1 或 △2；

(3) 人力制动机紧固器——＄1 或 ⊥1；

(4) 停车器——∥；

(5) 防溜枕木——▱。

注：符号中的数字根据实际使用的器具编号填记。

知识拓展

推送调车时车辆发生溜逸，按下列规定处理：

（1）应迅速采取各种可行的制动方法，使溜逸的车辆尽快停下。如：拧人力制动机，安放铁鞋、止轮器、防溜枕木或其他所能使车辆停下（减速）的器物及对车辆放风等措施。

（2）无法使溜逸车辆停下时，应迅速用无线电台或就近的电话向信号楼和调车领导人汇报，将溜逸车辆前方有关道岔开通不能进入区间或接发列车进路的线路。

（3）溜逸的车辆将与列车发生冲突时，应采取一切办法使其车辆脱轨，避免更大的事故发生。

工作任务 10.2　手推调车

任务描述

手推调车是用人力推动车辆达到调车目的的调车作业，是调移车辆的辅助形式。一般是在缺乏动力的情况下，利用人力或其他机械设备短距离移动车辆（如对货位等）时采用。

教学目标

1. 知识目标

了解手推调车的程序，掌握手推调车的移动限制条件。

2. 技能目标

能够在安全作业的前提下，组织手推调车工作。

3. 素质目标

认识调车工作对铁路运输生产组织的重大意义，树立爱岗敬业、团结协作、严谨认真的思想，培养安全第一、认真严肃的工作作风。

10.2.1 请求批准

1. 办理手续

手推调车应办理请求手续，要在得到调车领导人的准许后，按规定进行手推调车。

在正线、到发线手推调车时应向车站值班员申请批准。如货物线与正线、到发线衔接，接发列车时严禁手推调车，无接发列车作业时按《站细》规定进行。

手推调车申请书（　　年　月　日）					
范围（起点）	辆数	起讫时间	制动人	监督人	备注

申请人（签名）：
同意人（签名）：

2. 计划下达

（1）将手推调车作业计划（时间、经路和辆数）传达给有关人员。

（2）必要时通知扳道员防护。

10.2.2 防溜监督

1. 制动防溜

由胜任的制动人员负责制动，并提前试好人力制动机。

2. 监督检查

（1）手推调车时，由调车长（未设调车长的车站为助理值班员或车站值班员）负责监督或进行人力制动机制动。

（2）在装卸线内移动车辆时，由货运人员监督、检查，信号员、扳道员据计划或要道信号，按规定准备进路，确认进路开通正确。

> **知识链接**
>
> 人力制动机，通常称为手制动机或手闸。人力制动机是指装在车辆制动装置上，以人力作为产生制动力原动力的部分。它是用人力转动的手轮或手把，以代替压缩空气作用于制动缸活塞推力带动基础制动装置动作，使闸瓦压紧车轮，从而产生制动作用的一种装置。但其产生的制动力比空气制动时的制动力要小得多，制动过程也很缓慢，因此，只有在不能使用空气制动机的情况下才使用人力制动机。

> 人力制动机一般安装在每辆车的一位端，其主要用途是：
> （1）在列车编组、解体等调车作业时，用以调速和停车，提高调车效率，保证调车作业安全。
> （2）在列车运行途中，当空气制动机由于某种原因失去作用时，用以代替空气制动机，使列车安全运行到前方车站。
> （3）当列车或车辆停留在线路上时，用以防止车辆发生溜逸。

10.2.3 移动限制

1. 辆数限制

每批移动不准许超过一辆重车或两辆空车。

2. 速度限制

移动速度不准许超过 3 km/h，以保证随时停车。

3. 特殊限制

（1）手推调车，人力制动机作用应良好。

（2）手推调车的其他限制条件由企业自定（按国铁集团、铁路局集团公司有关规定执行）。

> **知识链接**
>
> 下列情况禁止手推调车：
> （1）在坡度超过 2.5‰ 的线路上（确需手推调车时经铁路局集团公司批准）。
> 2.5‰ 坡度指的是线路的实际坡度。这主要考虑在实际坡度超过 2.5‰ 的线路上调车时，若制动不及时，车辆溜逸，可能会造成严重后果。由于设备条件限制，必须在坡度超过 2.5‰ 的线路上手推调车时，必须制定安全措施，报局集团公司批准，纳入《站细》。
> （2）遇暴风雨雪天气，车辆有溜走可能或夜间无照明时，考虑到作业和人身安全，禁止手推调车。
> （3）接发列车时，能进入接发列车进路的线路上无隔开设备或脱轨器。
> 隔开设备系指：安全线、避难线、能与邻线起隔开作用的道岔。脱轨器在调车作业时可作为隔开设备对待。
> （4）装有爆炸品、压缩气体、液化气体的车辆，禁止手推调车。
> （5）电气化区段，接触网未停电的线路上，对棚车、敞车类的车辆禁止推调车。
> （6）动车组及向停有动车组的线路禁止手推调车。
> （7）连接正线、到发线没有隔开设备的线路禁止手推调车。
> （8）同一线路上两批及以上车辆同时手推调车。

> **知识拓展：手推调车的要求**
>
> 手推调车是在没有调车机车的情况下，为了进行装卸作业对货位或腾空线路等、用人力手推移动车辆的一种辅助调车形式。为保证安全，手推调车必须符合以下要求：
>
> （1）手推调车时，应由手推调车准许人指派胜任人员负责手制动工作。
>
> （2）胜任制动人员应在作业前检查调动车辆的手制动机，确认良好后，方可平推调车。
>
> （3）经过道岔前，应按规定执行要道还道制度。
>
> （4）调车领导人应综合考虑线路使用情况、设备特点和作业进度等情况后，方可准许手推调车申请人申请查调车线、货物线、岔线及其他线路上的手推调车作业。
>
> （5）在货物线或岔线内，手推调车不越过警冲标时，可在得到有关货运员准许后进行。有关货运员在确定手推调车不越过警冲标时，可以直接确定制动人员，进行手推调车作业，但在移动车辆后，应及时将车辆停留位置通知调车领导人。

10.2.4 报告揭示

1. 汇报制度

手推调车完了后，应及时将车辆停留位置、防溜措施等情况报告调车领导人。

2. 揭示防溜

揭示防溜措施时，用以下符号标明停留车的防溜措施。

（1）人力制动机——⊗；

（2）铁鞋（止轮器）——△1 或 △2；

（3）人力制动机紧固器——$1 或 ⊥1；

（4）停车器——‖；

（5）防溜枕木——▱。

注：符号中的数字根据实际使用的器具编号填记。

【课后作业】

1. 试绘制停留车作业流程图。
2. 试述动车组防溜的规定。
3. 车辆防溜有何规定？

4. 试绘制常见的五种停留车的防护措施符号。
5. 人力制动机的主要用途有哪些?
6. 什么是手推调车? 在哪些情况下禁止手推调车?
7. 手推调车有什么要求?
8. 手推调车前应做好哪些准备工作?

项目 11 实作技能

【项目导学】

调车实作技能,尤其是关键实作技能是调车作业过程中确保人身安全与行车安全的关键环节,每一项技能每一个动作都要严格按照技能规范的要求严格执行,不断反复实践练习,将标准作业养成习惯,习惯成为标准。

【任务引入】

2021年11月22日6时41分,柳园站甲班2调执行D202号调车作业计划1批7钩(7道过西、10道+11、8道+17、16道-21、11道+6、5道-13 11062次编完、15道过东入库)。7时30分执行第4钩,16道空线给21辆时,车列推进速度25 km/h,领车连接员在距土挡93 m处显示"十车"信号,间隔10 s后(车列运行60多米)调车长发送"十车"指令,致使推进车列控速不当,冲撞16道尽头线土挡,构成铁路交通一般D1类调车冲突事故。

? 请思考:调车作业过程中如何准确地判断车距,控制好车速,如遇到上述事故中的紧急情况时应如何处理?

【任务实施】

工作任务 11.1 观速观距

任务描述

观察运行中的机车车辆的速度和运行中的机车车辆与被连挂车辆或固定设备之间的距离。

教学目标

1. 技能目标

能准确判断运行中的机车车辆的运行速度,做到在调车作业过程中安全上下车,确保人身安全;可以控制好车速,保证机车车辆安全运行。能准确判断推进车辆与被连挂车辆或与某固定设备之间的距离,以保证调车作业安全连挂和安全间隔。

2. 素质目标

通过培训使得学生熟练掌握调车作业中的关键技能，夯实业务素质基础，提升安全意识，树立爱岗敬业、遵章守纪、安全第一的思想。

11.1.1 观速观距的重要意义

1. 观速观距的意义

在调车作业中，为了保持车组间的安全间隔或安全连挂，以及有效地进行目的制动，观测车辆走行速度及车组距停留车（或车组间）距离的方法，称为观速观距。调车作业中观测车辆的走行速度，观测车组与停留车间（或某种固定设备之间）的距离，作为调节速度和制动（人力制动机或铁鞋）的依据，它直接关系到调速的好坏和制动的准确性。正确观速观距是准确进行调速和目的制动的先决条件，是保证调车作业效率和行车安全的关键环节。

2. 观距观速的形式

观速观距分为动观和静观两种。

（1）动观：调车组人员在机车车辆运行中所观察的速度或前方目标的距离。

动观速：组织学员上机车，在动态中判断速度值与教师通过秒表测定的速度比对。

动观距：组织学员上机车，在运行中判断与目标物（如车辆）的距离值，与教师实际测量的速度值比对。

（2）静观：调车组人员在固定地点观察机车车辆运行时的速度或远处的目标距离。

11.1.2 常用观速的方法

观速一般运用"目测"和"音测"两种方法，一般白天以目测，尤其是近目测为主，夜间或大雾天气时将远听音、近观速两者结合使用。由于调车速度都是在较短的时间内或瞬息变化的，因此想要判断清楚某时的调车作业速度，用较长时间考虑和计算是不可能的，下面介绍几种利用较短时间判明速度或近似计算调车速度的方法。

1. 车上观速方法

调车组人员在车上通过低头看枕木头或石碴状况来判明车辆的走行速度。

如调车场每节钢轨的长度为 25 m，下铺 35 根枕木时：

（1）能较慢地数清轨枕根数时，车辆走行速度约 4 km/h（见图 11-1）。

（2）能较快地数清轨枕根数，能清晰看清石碴形状时，车辆走行速度约 7 km/h。

（3）能看清枕木而数不清时，车辆走行速度约 10 km/h。

（4）接近看不清轨枕根数时，车辆走行速度约 15 km/h（见图 11-2）。

（5）看不清石碴形状或观看到石碴接近一条线时，车速为 13～17 km/h（见图 11-3）。

（6）观看到石碴成一条线时，车速约为 25 km/h 以上（见图 11-4）。

图 11-1　能较慢地数清轨枕根数

图 11-2　接近看不清轨枕根数时

图 11-3　看不清石砟形状时

图 11-4　观看到石砟成一条线时

2. 步行测速方法

根据车辆溜行和人走行的相对速度，来测定车辆速度。一般在连挂车辆和徒步领车作业时运用。

（1）慢步行走能跟上车组时约 3 km/h。

（2）正常行走能跟上时约 5 km/h。

（4）快步行走能跟上时约 8 km/h。

（5）慢跑能跟上时约 10 km/h。

（6）快跑能跟上时约 15 km/h。

（7）快跑也跟不上车组时约 20 km/h 以上。

3. 数数计速法

调车人员在车上或车下用自己数数的办法，测算一定时间内车辆通过钢轨的根数（或车轮撞击钢轨接头的次数）然后利用下列公式计算其速度：为了使调车人员便于掌握和运用，可将车辆走一节钢轨的不同秒数及所得的不同速度用表格形式表示，调车人员应经常练习数数，以便与时间一致。数数时，每数一下为 1 s（可参考医务人员读秒的方式：1001、1002、1003、1004、1005 … ）。

速度的计算公式为：速度（km/h）= [距离（m）÷时间（s）]×3.6

4. 观速的训练方法

这里介绍一种利用口诀帮助计速的方法：

> 二十五米二秒钟，速度四十五里整。四秒二十二里半，六秒十五不带零。
>
> 八秒十一加点二，十秒九里莫放松。十二秒七里来注意，二至五米把车停。
>
> 若问一秒为多久？滴答一声正标准。喊出一二有节奏，观速定能过得硬。

在实际调车作业过程中，套用公式计算时的效率比较低，可以直接将机车车辆经过 25 m 钢轨所用时间对应的速度列成一张表（见表 11-1），并熟记于心，在实际作业中只需要准确读秒就可以估算出机车车辆运行的速度了。

表 11-1

机车车辆经过 25 m 钢轨的时间/s	速度/（km/h）
3	30
4	22.5
5	18
6	15
7	12.8
8	11.2
9	10
10	9

11.1.3 常用观距的方法

观测距离是要判断推送车列或溜放车组与停留车之间、溜放车组之间、行进中的机车车辆与某种固定设备之间的距离，以便掌握或调节速度。

观察距离时主要采用对比方法。如对比邻线的存车数，对比电杆的距离（电杆间一般有 50 m、30 m 两种标准），对比钢轨的长度（调车场钢轨长一般有 25 m、12.5 m 两种标准），对比上鞋标、鞋墩（一般按 20 m 或 15 m 设置）。此外，站场中的灯桥、房舍、信号机等固定设备之间的距离都是判断距离的依据（见图 11-5）。

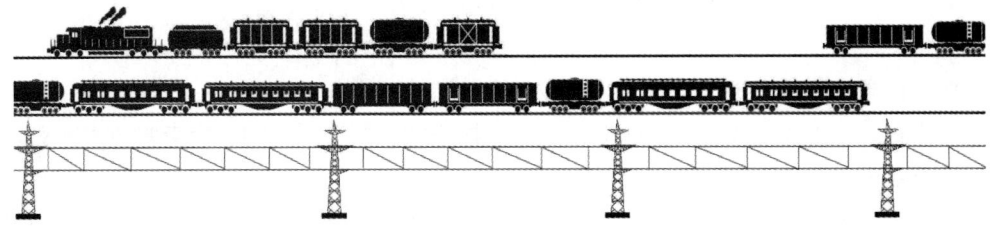

图 11-5 调车场

下面介绍几种常用的观距方法：

1. 比照邻线存车法

本线进行调车推送或连挂作业时，当临线有存车时，可以参照临线存车的数量显示距离信号。

优点：准确较高，出现误报的可能性比较低。

缺点：不稳定，受车辆换长影响推进车辆时不可能时刻保持邻线有存车，夜间作业灯光照明不足时视线受到影响。

2. 比照供电杆数目法

当调车推送或连挂作业时，可以参照作业线路旁边的接触网支柱、固定的供电杆作为距离信号显示的参照物。

优点：简单实用。

缺点：距离停留车较近的时候不好比对（如两个接触网支柱间为 50 m，三车距离信号 33 m 就不能准确参照接触网支柱了）。

3. 比照钢轨法

调车作业时调车人员可以通过数钢轨接头的方法判断距离，如 25 m 钢轨 5 个钢轨接头，之间是 4 根钢轨 100 m，3 个钢轨接头之间是 2 根钢轨 50 m，以此作为距离信号显示的判断依据。

优点：数值比较准确。

缺点：受天气、速度影响较大，不易数清。

4. 观距的训练方法

（1）采用静观距时，可在固定地点、目测远方目标距离（如停留车、电杆、其他标志、旗杆等）。

（2）采用动观距时，实训人员可在机车车辆运行中以"掷沙带"的方法测定停留车或远方目标的距离。

工作任务 11.2　平面牵出线作业流程

任务描述

调车机车利用牵出线调车作业。

教学目标

使学员学会利用牵出线进行驼峰解散车辆（溜放车辆）、摘挂车辆、推进车辆、编组车列、货物线、岔线、段管线取送车作业，掌握连结、制动、防溜、检查等技术作业。

平面牵出线作业（实作）：

在 4 道挂 10 辆（4 道原有停留车辆 13 辆），在货 1 线甩 2 辆（货 1 线原有停留车辆

2 辆），3 道甩 8 辆（3 道原有停留车辆 20 辆）（45172 次编完）。

下面以塔什店车站站场为例，结合调车作业通知单及站场示意图进行讲解。调车作业通知单如表 11-2 所示。

表 11-2　调车作业通知单

调车作业通知单							
计划：D101	调机：5160	时间：	2022-×-××		××：××		
	4 股道列车	45172 次	编组				
序号	股道名	+/-	车数	首尾	车号	记事	
1	4	+	10	W	××××××	有电、有车	
2	货1	-	2	W	××××××	无电、有车	
3	3	-	8	W	××××××	有电、有车、45172 次编完	
注意事项：	进入有电区注意扒乘位置；大门、高站台、脱轨器前等地点一度停车，货场作业认真检查线路，防止侵线；编车列车按规定复检编组列车；无联锁区域作业准备好进路。						
编制人：	×××				调车长：	×××	
开始时间：	××××				结束时间：	××××	

塔什店车站站场示意图如图 11-6 所示。

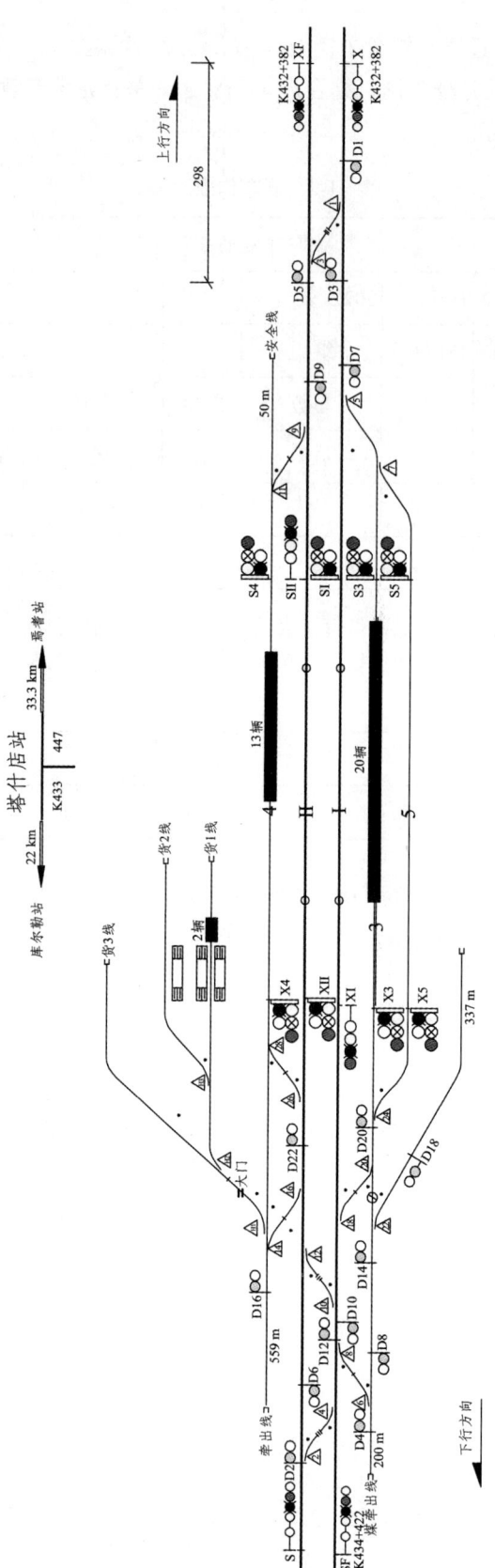

图 11-6 塔什店车站站场示意图

图 11-6 中的具体作业过程如表 11-3 所示。

表 11-3　作业流程

序号	作业程序	分项内容
1	各岗位职责	1. 调车长： （1）在调车领导人的领导下，执行单一指挥。 （2）调车作业前，亲自对组内人员的准备情况进行检查。 （3）传达调车作业计划、重点事项及作业方法。 （4）调车作业中，正确及时发出信号指令，指挥调车机车完成调车任务。 （5）负责组内人员的人身、行车安全。 2. 连结员： （1）在调车长的领导下，负责核对车号、摘接制动软管、施撤防溜措施、确认关门车、领车、正确及时显示信号。 （2）检查无联锁道岔、平过道、车辆及防溜状态
2	作业前准备	1. 交接班：按《站细》规定时间、地点参加接班点名会，听取班计划的传达及重点事项安排。参加规章试问，有针对性地进行安全预想。 2. 调车长：领取无线调车灯显设备并签认、检验；领取时负责检查限位帽、电池、外观、天线等。设备良好，方可签认领取。 3. 连结员：使用对讲机套应佩戴于胸前左上侧。 4. 调车长：组织人员列队进行对号交接
3	作业联系（调车领导人）	1. 根据列车运行计划，与列车调度员联系，了解摘挂车情况。 2. 与货运员联系，确认取送车计划，指示货运人员做好取送车准备。 3. 正确及时编制调车作业通知单
4	布置计划	1. 调车领导人亲自向调车指挥人下达计划并布置安全注意事项。 2. 调车指挥人应根据调车作业计划制定具体作业方法，连同注意事项，亲自向司机、参加作业的所有人员传达计划，并向组内连结员按计划分工
5	包线检查	调车长、连结员：按站细规定对所包线路落实包线检查制度，检查完毕向调车长汇报，由调车长联控调车领导人
6	检查着装备品	1. 安全带应扎于衣服的外面，安全挂钩在不使用时，须装入钩套内并确认有无裂纹，安全挂钩是否灵活，安全带有无折断现象。 2. 正确佩戴无线调车灯显设备。 3. 检查帽子、衣服、安全带、鞋子穿戴正确，工具备品齐全
7	传达计划	调车长：调车指挥人根据调车作业计划，制定具体作业办法，连同注意事项一并向有关人员传达，有关人员按规定复诵（包含调车司机）。 连结员：复诵计划，听取重点工作及注意事项
8	调车灯显试验	1. 指令试验： 调车长依次对以下信号进行试验。 （1）停车：按下红色按钮。 （2）启动：按下绿色按钮 2 s。 （3）连结：先后按下绿、红按钮。 （4）十车：长按黄色按钮 1.5 s。

续表

序号	作业程序	分项内容
8	调车灯显试验	（5）五车：再按下黄色按钮0.5 s，或直接发黄绿。 （6）三车：再依次按下黄色按钮0.5 s，或直接发黄红。 （7）减速：按下黄色按钮 （8）溜放：先后按下绿、黄按钮。 （9）推进：连续2次按下绿色按钮。 连结员：连结员依次对以下信号进行试验： （10）紧急停车：按下红色按钮。 （11）解锁：长按黄色按钮。 2. 通话试验： （1）调车长：联控车站值班员（助理值班员内勤）：车站值班员（助理值班员内勤），试通话。 车站值班员（助理值班员内勤）回复：车站值班员（助理值班员内勤），通话良好。 （2）调车长：联控连结员：调车组1号，试通话。 连结员回复：1号，通话良好。 （3）调车长：联控司机：1调司机，试通话。 司机回复：1调司机，通话良好。 （4）调车长：联控司机：通话良好，调车长明白，1调司机试机是否正常。 司机回复：试机正常。 （5）调车长回复：调车长明白，试机完毕
9	连挂车辆	1. 动车。 调车长：发出起动指令：指示调车司机按调车计划动车，准备连挂车辆 2. 一度停车。 调车长：距离停留车10 m处：在距离被连挂车组一车处，发出停车指令，指示司机一度停车 3. 检查车钩。 连结员：检查车钩状态：检查机车车钩和所挂车辆车钩在一条直线上，具备车钩连挂条件 4. 指挥机车连挂。 调车长：连挂车辆：发出连结指令指挥司机连挂车辆，接近连挂车辆，发出减速指令，连挂妥当，发出停车指令 5. 确认连挂状态。 连结员：确定车钩落锁良好后，汇报连挂好了
10	进入车档作业	1. 设置防护信号。 2. （1）连结员：向调车长联控：1号作业。 调车长回复：同意1号作业。 （2）连结员：使用紧急停车指令：按下紧急停车键防护。 3. 摘结制动软管。 4. （1）连结员：连结制动软管：挂车处按规定连结软管，摘车处按规定摘开软管。 （2）连结员：开关折角塞门：挂车处打开折角塞门，摘车处关闭折角塞门

续表

序号	作业程序	分项内容
10	进入车档作业	（3）施撤防溜措施。 连结员：撤除挂车端防溜措施，对遗留车辆做好防溜措施。 5. 撤除防护信号。 连结员：作业完毕后撤除防护信号。 6. 汇报作业内容。 连结员：向调车长汇报：4道库尔勒方向防溜措施已撤除，遗留车辆防溜措施已做好。 调车长回复：调车长明白。 7. 调车长向车站汇报防溜情况。 调车长：向车站值班员（助理值班员内勤）报告：4道库尔勒方向防溜措施已撤除，遗留车辆防溜措施已做好
11	牵出车列	1. 简略试验。 （1）连结员：向司机联控：1调司机，简略试验。 （2）连结员：确认尾部通风状态：确认鞲鞴伸出后向司机联控：缓解；车列缓解完毕，确认尾部通分状态良好后向调车长联控：尾部通风良好。 调车长回复：尾部通风良好，调车长明白
		2. 联系牵出。 （1）连结员：在开口处提开车钩后联控：牵出。 （2）调车司机：向车站值班员（助理值班员内勤）执行车机联控
		3. 指挥动车。 （1）调车长：确认信号开放正确，人员已到位，发出起动信号。 （2）连结员：确认尾部车辆起动，向调车长联控：好了
		4. 停车： （1）连结员：到达停车位置向调车长联控：停车。 （2）调车长：收到连结员停车信号后，发出停车信号
12	取送作业	1. 准备进路。 2. （1）调车长：执行要道还道，向车站值班员（助理值班员内勤）联控：车站值班员（助理值班员内勤），1调去货1线。 车站值班员（助理值班员内勤）联控：1调去货1线信号好了。既有集中联锁，又有非集中联锁，调车长还要向无联锁准备进路的连结员联控（无非集中联锁时不执行）。准备进路连结员在进路准备妥当后联控：1调去货1线进路好了。 （2）领车连结员：听到车站值班员（助理值班员内勤）和准备进路连结员联控后，确认信号开放和进路正确后联控：1调去货1线信号好了，连结。 调车长复诵：1调去货1线信号好了，调车长明白，并发出连结信号
		2. 大门前一度停车（提前派员检查的可不停车）。 （1）连结员：接近大门前向调车长联控：减速。 （2）调车长：显示减速信号。 （3）连结员：车辆靠近大门时向调车长联控：停车。 （4）调车长：显示停车信号

续表

序号	作业程序	分项内容
12	取送作业	3. 检查线路。 （1）连结员：检查大门开启状态是否良好，道岔位置开通是否正确，线路有无障碍物，装卸作业是否停止，防护信号是否撤除及停留车防溜措施是否良好。 （2）连结员：检查完毕，具备挂车条件向调车长联控：货 1 线大门已开启，脱轨器已撤除，停留车防溜措施良好，线路检查好了，货 1 线进路好了，并发出连结信号。 （3）调车长复诵：货 1 线大门已开启，脱轨器已撤除，停留车防溜措施良好，线路检查好了，货 1 线进路好了，调车长明白，并显示连结信号
		4. 高站台前一度停车。 （1）连结员：接近高站台时向调车长联控：减速。 （2）调车长：显示减速信号。 （3）连结员：车辆靠近高站台向调车长联控：停车。 （4）调车长：显示停车信号
		5. 高站台徒步领车。 6.（1）连结员：高站台前停车，1 号徒步领车，连结。 调车长：1 号徒步领车，调车长明白。 调车长：联控司机：1 调司机，1 调徒步领车。 （2）调车长：收到司机回复后显示连结信号
		7. 连挂车辆，显示十车、五车、三车距离信号。 （1）连结员：车列前端运行至距被连挂车组十车（约 110 m）、五车（约 55 m）、三车（约 33 m）距离时，分别向调车长联控：十车、五车、三车信号。 （2）调车长：依次显示十车、五车、三车信号。 （3）连结员：车列前端运行至距被连挂车组一车（约 11 m）距离时，向调车长分别联控：减速、停车信号。 调车长：依次显示减速、停车信号
		8. 检查车钩。 （1）连结员：检查连挂车辆车钩与被连挂车辆车钩在一条直线上，且至少有一端车钩处于全开位后联控：距停留车 10 m 连结。 （2）调车长：复诵后显示连结信号
		9. 连挂车辆。 （1）连结员：接近被连挂车辆时联控：减速。 （2）调车长：收到信号后显示减速信号。 （3）连结员：连挂妥当后联控：停车。 （4）调车长：收到信号后显示停车信号
		10. 确认连挂状态。 连结员：确定车钩落锁良好后，汇报连挂好了
		11. 设置防护信号。 12.（1）连结员：向调车长联控：1 号作业。 调车长回复：同意 1 号作业。 （2）连结员：使用紧急停车指令：按下紧急停车键防护

续表

序号	作业程序	分项内容
12	取送作业	13. 进入车挡作业。 （1）连结员：开关折角塞门：摘车处前后折角塞门，由打开位置转至关闭位置，执行"一关前、二关后、三摘风管、四提钩"的作业程序。 （2）连结员：摘接制动软管：摘车处按规定摘开软管 14. 施撤防溜。 连结员：撤除挂车端防溜措施，对遗留车辆做好防溜措施 15. 撤除防护信号并汇报作业内容。 （1）连结员：使用解锁键解除防护信号。 （2）连结员：向调车长联控：货1线库尔勒方向防溜措施已撤除，遗留车辆防溜措施已做好。 （3）调车长：复诵并回复：货1线库尔勒方向防溜措施已撤除，遗留车辆防溜措施已做好，调车长明白。 调车长：在《防溜交接簿》内写明月日、时分、线路名称、防溜措施情况等事项，与货运员当面办理防溜交接、签认手续
13	取车作业	1. 简略试验 （1）连结员：向司机联控：1调司机，简略试验； （2）连结员：确认尾部通风状态，确认鞲鞴伸出后向司机联控：缓解；车列缓解完毕，确认尾部通分状态良好后向调车长联控：尾部通风良好。 调车长回复：尾部通风良好，调车长明白 2. 指挥动车。 3.（1）连结员：提开开口处车钩后联控：1号徒步领车，牵出； 调车长回复：1号徒步领车，调车长明白，1调司机，1调徒步领车。 司机回复：1调司机明白。 （2）司机：联控调车长：调车长，1调货1线牵出。 调车长：检查货1线牵出进路正确后回复：1调司机，货1线牵出进路好了。 司机回复：1调司机明白。 （3）司机：联控值班员：车站值班员（助理值班员内勤）1调货场线牵出。 车站值班员（助理值班员内勤）：排列货场至牵出线调车进路，联控：1调货场线出信号好了。 （4）司机回复：货场线出信号好了，1调司机明白。 （5）调车长：确认信号开放正确后发出起动指令；指挥司机动车。 （6）连结员：确认列车尾部最后一辆车起动后向调车长联控：好了。 （7）调车长回复：好了。 （8）连结员：徒步领车出清高站台后10 m联控：停车。 （9）调车长：发送停车指令；指挥司机停车。 （10）连结员：按规定扒乘车辆后联控：牵出。 （11）调车长：发送起动指令；指挥司机动车。 （12）连结员：确认列车尾部最后一辆车起动后向调车长联控：好了。 （13）调车长回复：好了

续表

序号	作业程序	分项内容
13	取车作业	4. 停车。 （1）连结员：车辆越过折返信号机后向调车长联控：停车。 （2）调车长：显示停车信号
14	推进连挂	1. 确认进路（集中联锁区进路）。 2.（1）调车长：确认车列具备要道条件后联控：车站值班员（助理值班员内勤），1调去3道。 车站值班员（助理值班员内勤）：确认进路信号正确后联控：1调去3道有车信号好了。 （2）连结员：确认信号开放正确后联控：1调去3道有车信号好了，连结。 调车长回复：1调去3道有车调车信号好了，调车长明白，进入有电区，注意扒乘位置。 连结员：按规定扒乘后回复：1号明白。 （3）调车长：显示连结信号
		3. 连挂车辆，显示十车、五车、三车距离信号。 （1）连结员：车列前端运行至距被连挂车组十车（约110 m）、五车（约55 m）、三车（约33 m）距离时，分别向调车长联控：十车、五车、三车信号。 （2）调车长：依次显示十车、五车、三车信号。 （3）连结员：车列前端接近被连挂车组时，向调车长分别联控：减速、停车信号。 （4）调车长：依次显示减速、停车信号
		4. 确认连挂状态。 连结员：确定车钩落锁良好后，汇报连挂好了
		5. 设置防护信号。 6.（1）连结员：向调车长联控：1号作业。 调车长回复：同意1号作业。 （2）连结员：使用紧急停车指令：按下紧急停车键防护
		7. 进入车挡作业。 连结员：接通制动软管，打开折角塞门
		8. 撤除防溜。 连结员：将两端防溜措施撤除
		9. 汇报防溜措施并撤除防护信号。 10.（1）连结员：作业完毕连向调车长联控：3道两端防溜措施已撤除。 调车长回复：3道两端防溜措施已撤除，调车长明白。 （2）连结员：解锁指令：使用解锁键解除防护
		11. 试拉。 （1）连结员：编组列车按规定试拉，向司机联控：试拉。 （2）调车长：显示起动指令：指示司机试拉

续表

序号	作业程序	分项内容
14	推进连挂	12. 停车。 （1）连结员：列车整列起动后，向调车长联控：试拉好了，停车。 调车长回复：调车长明白。 （2）调车长：显示停车信号
		13. 复检车辆。 关门车不得挂于机车后部三辆车之内，在列车中连续连挂不得超过两辆；列车最后一辆不得为关门车；列车最后第二、三辆不得连续关门；检查防跳插销是否插好，闸瓦钎是否齐全，折角塞门是否在全开位，人力制动机及防溜措施是否撤除完毕。 检查完毕后连结员：向调车长汇报：复检好了。 调车长回复：调车长明白。 调车长：联控司机：1调司机减压。 调车司机：减压不少于100 kPa后联控：减压好了。 调车长：减压好了，调车长明白。 连结员：设置防护信号后摘开机车制动软管，并摘开车钩
		14. 编完汇报。 调车长：列车编成后向调车领导人和车站值班员（助理值班员内勤）联控：3道45172次编完，无关门车，两端防溜措施已撤除
		作业完毕

【课后作业】

1. 观速常用的方法有哪些？
2. 观距常用的方法有哪些？
3. 昼间无红色信号旗时，夜间无红色灯光时停车手信号怎么显示？
4. 一至十道的股道号码如何显示？
5. 调车听觉信号的规定有哪些？
6. 调车长在显示信号前应做哪些检查工作？
7. 试简要叙述禁止溜放的车辆、线路及其他限制的相关规定。